"一带一路"倡议下
中国城市形象与城市文化的构建

李 莹◎著

中国水利水电出版社

www.waterpub.com.cn

·北京·

内 容 提 要

　　本书针对城市形象与城市文化进行整体概述，论述了城市形象的概念、本质以及城市文化的内涵与构成等方面。以城市形象构建为中心进行分析与研究，阐释了中国城市形象中的景观构建、色彩构建、品牌构建、文化构建四个方面。另外，结合"一带一路"，将国外城市形象塑造对中国城市发展的启示进行深度说明，并且对中外城市形象进行了对照性的研究。本书思路清晰，内容有层次有条理，理论阐述深入浅出，使读者易读易懂。

图书在版编目 (CIP) 数据

　　"一带一路"倡议下中国城市形象与城市文化的构建 /
李莹著 . — 北京：中国水利水电出版社，2018.11

　　ISBN 978-7-5170-7081-8

　　Ⅰ . ①一… Ⅱ . ①李… Ⅲ . ①城市建设 – 研究 – 中国

　　Ⅳ . ① F299.21

　　中国版本图书馆 CIP 数据核字（2018）第 254647 号

书　　名	"一带一路"倡议下中国城市形象与城市文化的构建 "YIDAI YILU" CHANGYI XIA ZHONGGUO CHENGSHI XINGXIANG YU CHENGSHI WENHUA DE GOUJIAN
作　　者	李　莹　著
出版发行	中国水利水电出版社 （北京市海淀区玉渊潭南路 1 号 D 座　100038） 网址：www.waterpub.com.cn E-mail：sales@waterpub.com.cn 电话：（010）68367658（营销中心）
经　　售	北京科水图书销售中心（零售） 电话：（010）88383994、63202643、68545874 全国各地新华书店和相关出版物销售网点
排　　版	北京亚吉飞数码科技有限公司
印　　刷	三河市华晨印务有限公司
规　　格	170mm×240mm　16 开本　15.5 印张　201 千字
版　　次	2019 年 3 月第 1 版　2019 年 3 月第 1 次印刷
印　　数	0001—2000 册
定　　价	76.00 元

前　言

作为文明型国家，中国正在经历从内陆文明向海洋文明、从农耕文明向工业—信息文明、从地域性文明向全球性文明转型。这是五千年未有之变局，正在开创人类古老文明复兴与转型并举的奇迹。"一带一路"倡议的提出，充分展示了中国在全球化时代的文明自信与文明自觉。"一带一路"是全方位对外开放的必然逻辑，也是文明复兴的必然趋势，还是包容性全球化的必然要求，标志着中国从参与全球化到塑造全球化的态势转变。

城市形象涵盖的内容极为丰富，包括了一切可为人感知的物质形态元素以及所蕴含的内在文化意蕴。本书重点探讨城市基础设施、城市文化、城市生态要素等参与城市形象塑造的核心要素构成，因为这些内容是体现现代化城市风貌，使城市传统文脉得以延续，以及寻求城市各因素的生态化、可持续化发展的核心动因。

本书撰写重点突出以下特色。

学术性。我国具有悠久的历史文化，也有着飞速发展的经济基础，各大城市在积极参与"一带一路"建设时，就应多层次、多维度地进行城市文化塑造，进一步增强城市文化对外传播的影响力。本书将着眼于"一带一路"建设的大背景中，对城市形象与城市文化的构建进行研究与探讨。

时代性。本书撰写借鉴近年来城市形象研究的理论成果，又大胆突破不适应当前形势需求的城市形象塑造发展模式，从而形成了一套具有强烈时代性的研究体系。

启发性。本书通过图文并茂的形式阐述了城市形象设计方法、表达、内容等，当中选取了一些经典作品，以及一些具有代表性的国家的城市形象设计案例,当中不仅能体味出设计理念,也能感悟到人间、时间、空间等的高度融合。

作者在撰写本书时,得到国内外很多专家学者的大力支持,同时也参考借鉴了一些国内外学者的有关理论、材料等,在这里对此一并表示感谢,书中所引用的部分未能一一注明的,敬请谅解。本人在撰写过程中,虽极力丰富本书内容,力求著作的完美无瑕,但仍难免存在疏漏和错误之处,还望各位同仁斧正。

作 者

2018 年 6 月

目　录

第一章 "一带一路"倡议下的中国城市形象

"一带一路"的提出源于中国历史上的丝绸之路,是实现中华民族伟大复兴中国梦的重要组成部分,不仅拥有源远流长的历史渊源,也具有重要的时代意义。城市形象是一座城市内在历史底蕴和外在特征的综合表现,是城市总体的特征和风格。城市形象定位是城市形象的集中体现,反映了一个城市的特色和内涵。

第一节 "一带一路"融通中国梦与世界梦

一、"一带一路"的历史背景

古代丝绸之路的概念起源于 20 世纪,由德国学者李希霍芬在 1887 年提出。"丝绸之路"的本意就是以丝绸贸易为主的商业之路。历史上的丝绸之路是贯穿欧洲、亚洲、非洲乃至南美洲,并以丝绸贸易为主的商业贸易路线,不仅促进了中国与西方国家的经贸往来,而且对于推动东西方文化、科学技术等方面的交流具有重要意义。从运输方式上可以将丝绸之路分为陆上丝绸之路和海上丝绸之路。

陆上丝绸之路初步形成于公元前 2 世纪到公元 1 世纪之间,是东西方之间经济、政治、文化交流的主要道路,一直到 16 世纪仍在使用。陆上丝绸之路可分为两条支线,一条连接西亚、中东、东欧直到欧洲,其基本干道是汉武帝时期张骞出使西域时形成的;另一条则连接南亚、东南亚和东北亚地区,影响不如第一条线路大。陆上丝绸之路的最初作用是运输中国古代出产的丝绸，并将欧洲、中东、西亚的商品输入中国，是东西方贸易往来的重要通道。后来，丝绸之路沿线的国家开始利用丝绸之路进行文化交流。

海上丝绸之路是古代中国与外国交通贸易和文化交往的海上通道，该路主要以南海为中心，所以又被称为"南海丝绸之路"。海上丝绸之路形成于秦汉时期，三国至隋朝时期得到发展，在唐宋时期非常繁荣，转变于明清时期，是目前已知的最早的海上航线。郑和七次下西洋，走的就是著名的海上丝绸之路。

21世纪中国"一带一路"倡议包含"丝绸之路经济带"和"21世纪海上丝绸之路"两个部分，正好对应古代中国的陆上丝绸之路和海上丝绸之路。为此，了解和把握丝绸之路的历史与演变历程，对于全方位理解和把握"一带一路"具有重要意义。据文献研究，丝绸之路发展大致可以分为五个阶段，具体如表1-1所示。

表1-1 丝绸之路发展历程

时间		标志性事件		商品
		陆上丝绸之路	海上丝绸之路	
第一阶段	秦汉时期	（1）张骞出使西域（2）意大利罗马与中国建立直接贸易联系（3）蚕种技术传播到日本	（1）中国先民开发南海（2）汉武帝平定南越后派使者出海南洋和印度，并抵达今日的斯里兰卡	出口：丝绸和相关丝织品进口：珠玑、犀角和乳香等
第二阶段	三国两晋南北朝时期		海上丝绸之路的范围扩大，逐渐延伸至地中海、日本列岛、朝鲜半岛、孟加拉沿岸、东南亚和阿拉伯海沿岸等地区	出口：丝绸和丝织品进口：珠玑、犀角和乳香、珍珠、药品、象牙、珊瑚、金银宝器等

时间		标志性事件		商品
		陆上丝绸之路	海上丝绸之路	
第三阶段	唐宋时期	（1）唐朝在丝绸之路沿途各地区均设立了接待"胡商"的"商馆"（2）唐朝在边境地区设立了管理商贸活动的"互市监"（3）玄奘西行取经（4）唐朝中后期陆上丝绸之路因战乱衰落	（1）国内港口进一步开放，数量增多（2）航海范围进一步扩大至南亚、非洲东海岸和埃及等重要地区（3）泉州成为当时世界上最大的贸易港口	出口产品增加瓷器、纸张和茶叶
第四阶段	元明时期		（1）元朝在东南沿海地区设置市舶司管理海上贸易（2）明朝海上丝绸之路的航海路线范围进一步扩大至西欧、墨西哥、南北美洲等地区（3）郑和七次下西洋	出口：增加瓷器、绢、布、金属及金属器皿、棉布、书籍、铁器等，茶叶成为最重要出口商品进口：新增玻璃、玛瑙、布匹、药、木材
第五阶段	清朝时期		（1）清政府闭关锁国并沿袭明朝中叶的海禁政策（2）只开放广州一个通商口岸	

二、"一带一路"的时代背景

"一带一路"是我国积极应对全球经济政治形势深刻变化的需要，是应对国内改革发展的需要，更是实现中华民族伟大复兴中国梦的需要。"一带一路"的提出，具有深刻的时代背景。

（一）适应全球经济形势变化的要求

随着科技的进步,经济发展速度不断加快,世界正经历着深刻复杂的变化,这既给各国的政治经济发展带来了机遇,又使各国面临严峻的考验。2008年世界爆发大范围金融危机,全球经济都遭受了严重损失。金融危机过后,虽然世界经济复苏缓慢,但发达经济体复苏乏力,新兴经济体潜力巨大。世界经济中心从大西洋沿岸转移到太平洋沿岸,新兴经济体逐渐成为世界经济发展的引擎。

世界经济格局的发展变化和新兴经济体国际地位的提升使得传统的全球经济治理模式已经不能适应当今经济的发展,对全球经济治理模式进行调整和完善已是迫在眉睫。"一带一路"则刚好为各经济体、各区域提供了这一合作平台,有利于促进世界经济复苏。同时,"一带一路"的提出有利于中国及新兴经济体和发展中经济体深入参与国际经济合作和全球经济治理,逐渐增强提供公共产品的能力,增强自身在国际经济体系中的话语权和影响力。

（二）满足区域经济发展的现实需要

亚太地区是世界上最具活力的地区,经济危机过后更是成为世界经济的主要引擎。中国社会科学院亚太与全球战略研究院发布的《亚太地区发展报告（2014）》蓝皮书预计,亚洲地区名义GDP约为41.1万亿美元,占全球GDP比重为31.8%。在为亚太地区取得的成绩骄傲的同时,我们也要意识到,亚太地区基础设施较为落后,投融资缺口巨大等问题已开始掣肘亚太地区经济长期可持续平衡增长。据世界银行和亚洲银行的资料显示,目前两行投入亚太区域基础设施建设的资金无法满足区域内巨大的基础设施建设投融资需求,亚太地区急需大量的投融资。

在此背景下,中国政府提出了"一带一路",致力于进一步推进基础设施建设、加快区域互联互通。而基础设施建设又能发挥显著的"乘数效应",带动相关产业发展,对区域和全球经济增长产生显著的外溢效应。

（三）构建中国开放与发展的新格局

改革开放以来,中国经济一直处于高速增长,长期以来积累了大量的矛盾和风险,近年来这些矛盾和风险逐渐凸显,中国经济发展速度有所下降,正式告别了高速增长阶段,进入到"三期叠加"的新常态。当前,中国经济面临着一系列改革和调整,既要实现量的增长,又要实现质的提升。这要求我们积极统筹国内国际两大资源和市场,寻求新的经济发展驱动力和增长点。同时,受改革开放的区域发展政策的影响,东部沿海地区利用有利的制度、区位等因素,积极参与国际分工,获得了快速发展;而中西部地区特别是西部地区,其经济发展水平远远落后于东部沿海地区。"一带一路"的提出,有利于中西部地区基础设施的升级和完善,也有利于中西部地区用好国际国内两个市场、两种资源,拓宽发展空间、释放经济活力。此外,"一带一路"的提出也是应对我国周边不稳定因素,维护我国经济安全,践行和平外交理念,承担更多国际责任的现实需要。

三、丝绸之路与丝路学研究

丝路学是一门 20 世纪才问世的新学问,也是一门涵盖了文化、历史、宗教、民族、考古等人文科学,以及地理、气象、地质、生物等自然科学的,汇聚了众多学科、综合研究多元文化的学问。

丝路学来自丝绸之路这一历史性的文化概念的提出,并且最终得到了国际社会与学术界人士的共同认可。丝绸之路最早是 19 世纪到中国进行地理考察的欧洲探险家提出来的,在当时这一命题的提出,是对中国西部地区在古代曾经呈现过的多元文化的一种重新发现,也可以说是历史上这些由多民族创造的文化第一次在国际上获得的认同。它之所以产生在中国社会处于大转折的时期,是具有深层次原因的。19世纪中叶,经历了第二次鸦片战争之后的中国,被迫对外开放,从此进入了丧权辱国、危机四伏的国难时期。英、俄等欧洲列强首先对中国西部边疆实行蚕食政策,掀起了一股以地理考察为名的探险热。当时走在这股热潮前列的是德国巴登-符腾堡人李希霍芬(Ferdinand von Richthofen)。1868年李希霍芬接受了美国加利福尼亚银行的资助,第二次到中国考察,到达上海后,受英国商会委托,对中国地貌和地理首次进行了规模宏大的综合考察,足迹遍及当时18个省中的15个省,摸清了中国的资源和开发的前景。1872年返回德国后,出任柏林大学校长,当选为国际地理学会会长,致力于写作5卷本的《中国,亲身旅行和研究成果》(*China, Ergebnisse Eigener Reisenunddasauf Gegrundeter Studien*.1877—1912年,5vols.),到去世前出版了1、2两卷。他从亲身的考察和得到的历史资料中发现,古代在中国的北方曾经有过一条称得上是丝绸之路的横贯亚洲大陆的交通大动脉,由此在沿途留下了许多足以令后世赞叹和瞻仰的遗迹和文物。

李希霍芬的偶然发现,在以后半个世纪中竟演变成一场对中国历史遗迹和珍贵文物的浩劫。这和中国领土受到西方列强的蚕食同样是史无前例的。受到李希霍芬的影响,他的学生瑞典人斯文·赫定(Sven Hedin)追踪他的足迹,先后7次到中亚和中国西部进行地理考察和考古发掘。差不多同时,俄国人尼古拉·普尔热瓦尔斯基(Nicholas Pnzhevalsky)和奥勃鲁契夫(Obrochev)、英籍匈牙利人斯坦因(M.A.Stein)、法国人伯希和(Paul Pelliot)、德国人格伦威德尔(Albert Grun wedel)和勒·柯克(Le Coq),先后率领探险队,在世纪之交进入中国新疆和西部地区。他们在楼兰古址进行田野发掘,堂而皇之拿走了新疆石窟寺院中的彩塑佛像,将尘封已久的吐鲁番盆地的古物成箱运出中国国境。他们还设法进入了敦煌石窟的藏经洞,攫取了前所未闻的精美壁画、塑像、铭记、经卷和丝织品。原先保存在石窟寺和遗址中数以万计的堪称国宝的珍贵文物,从此流失海外,成了伦敦、巴黎、柏林、新德里和美国、日本等一些城市的国家博物馆的藏品。与此同时,丝绸之路经过历史学、民族学、考古学、宗教学等多学科专家的考察和研究,也从中国黄河流域和长江流域的文明中心向西延展到了地中海东部利凡特海岸一些具有古老文明的城市。德国历史学家赫尔曼在 1910 年发表的《中国和叙利亚之间的古丝路》(莱比锡)完成了对丝绸之路的学术论证。后来由赫尔曼在他编著的《中国历史商业地图》(哈佛燕京学社,1935)一书中加以宣扬,从而使丝绸之路为世人所熟知。

丝绸之路原本只是对亚洲东部和中部的历史毫无所知的欧洲人,在经过实地考察之后从大量的历史遗存中了解到的,当时已经人烟稀少的中国西部地区在千百年前曾有过辉煌的历史,并且在古代亚洲东部地区和地中海之间,由于频繁的使节往来、商品交换、宗教传播和文化交流形成的必不可少的交通要道,也有过足以令人刮目相看的繁荣历史。

其实丝绸之路在更深的层次上提出的是一个中国文明如何起源、从何而来的大问题。在中国文明的起源和发展的研究中,不仅仅是由于丝路学自身的研究取得了令人刮目相看的成果,更多的或更深层次的原因,则是得力于中外学者对中国文明的起源,从它的发端、演进到成熟的全过程的考察,有了极其巨大的进展。由于进行了规模空前的田野考古,对现今尚在的遗址、遗存的文物给予了充分的保存、修复和研究,终于弄清了以中国为主体的东亚文明,是至少在一两万年前甚至一两百万年前,就已独立形成的生态环境。

这样的研究,是在中国学术界取得自主权的同时才开始的;这样的研究一旦启动,在当时便具有了国际合作的特点,迎来了丝路学研究的高潮。第一次高潮,是先前已五次来华进行地理考察与探险活动,在国际上声名显赫的斯文·赫定,会同在中国政府部门工作的丁文江、翁文灏、李四光、德日进等中外科学家共同发起的。由于这样的共识,1927 年经过南京政府核准,在北京由中国和瑞典双方合作组成了中瑞西北科学考察团,到中国西部地区进行综合考察。科学考察团由徐炳昶任中方团长,斯文·赫定担任瑞典团长,从北京出发沿着丝绸之路,经过河套、宁夏,奔赴新疆哈密、吐鲁番,抵达乌鲁木齐。1930年10月科学考察团调整阵容后,扩大到调查楼兰古道和罗布泊,测绘塔里木盆地,考察甘肃古迹和戈壁沙漠,还到内蒙古进行民族学调查,去川藏边境考察动植物。考察工作在1935年告一段落,作为总结,斯文·赫定在同一年用英文出版了《丝绸之路》一书。科学考察团搜集到大批的资料、标本、简牍、石刻、壁画和各种古文字的文书以及丝织品。第一次实现了在中国政府监管下对丝绸之路沿线埋藏的珍贵文物进行发掘、搜集并善加保管,为中国学术界建立丝路学,给今后以中国为主体进行国际合作、开展多元文化研究,构筑了中外科学家相互交流的平台。

丝路学研究在20世纪的七八十年代进入第二个高潮。在1959—1975年间,由新疆博物馆和吐鲁番文管所牵头,对吐鲁番县的阿斯塔那和哈拉和卓古墓群进行系统的发掘,获得了上万件极具社会与文化价值的文书,在1992年出版了10卷本《吐鲁番文书》的释文。在这段时间里,卷帙浩繁的敦煌学已从丝路学的分支脱颖而出,成为一门独立的学问。1983年8月成立的敦煌吐鲁番学会,标志着自提出丝绸之路到丝路学研究取得丰硕成果,已经走过了最初的一百年。其中最后的50年,经过中国学术界的努力奋进,终于扭转了"丝绸之路在中国,丝路学中心在西方"的那种令中国人陷于丧失民族自尊的窘境。新疆人民出版社出版的这套《丝绸之路研究丛书》,就是中国学者在丝路学这一研究领域所推出的部分成果。

丝绸生产技术是6000年前人类文明史中极具工艺价值的一项伟大发明,它诞生在东亚文明中心的中国。以丝绸贸易为主要媒介的丝绸之路所反映的不仅仅是东西方的经济交流,更重要的是东西方文明之间的联系与交流,这种关系才是丝绸之路的文化价值所在。根据考古发现,在世界范围内这样的交流大约进行了

2000 年之后,像波斯、拜占庭这样的文明古国,才从中国学到了从养蚕、缫丝到纺纱、织锦的全部工艺流程。因此丝绸之路提出的是一个在世界范围内文明传播的重大命题。

四、"一带一路"的深刻内涵

（一）"一带一路"与现有国际合作联盟的区别

中国提出的"一带一路"合作发展倡议,既不同于侧重某一领域的多边机制,如联合国、世界贸易组织（WTO）等,也不同于侧重诸边高层或"务虚对话平台"的 G7、G20 等,更不同于具有边界清晰的经济一体化安排的欧盟、东盟、北美自由贸易区和上海合作组织。它具有自身独有的特征:一是涉及面广,覆盖政治、经济、外交、文化等诸多领域;二是机制多样灵活,务虚务实相结合,既有政策层面的对话、文化领域的交流,也有基础设施、经贸、金融等领域的务实合作;三是虽为区域合作,但具有开放性,不排除域外国家,展现出更大的包容性,可在更广范围内开展共赢合作;四是以"共商、共建、共享"为原则,实行标准的统一互认和规则的兼容对接;五是依托诸多现有机制为新机制的建立创造需求、奠定基础;六是目标多元,不仅在政治上寻求互信、经济上追求共赢,而且强调协调、共享和绿色发展。

（二）"一带一路"的本质是中国文明理念和发展价值观的对外传播

"一带一路"的核心是区域合作,通过传承历史、深耕现实,旨在将发达的欧洲经济圈、增长潜力较大的亚非国家以及充满活力的东亚经济圈紧密联通起来,推动技术、资金、劳动力、能源资源、市场等要素的高效配置,实现共赢发展。

面对当今世界的各种乱象和困境,通过更大范围的合作实现共赢发展是破解的唯一途径。"一带一路"不但是中国目前转型的重要平台和未来拓展发展空间的重要方向,而且是亚欧非大陆摆脱困境,建设利益共同体、发展共同体和命运共同体不可替代的战略依托。依托"一带一路"建设,沿线各国可实现优势互补,加快发展,消除不稳定因素,促进和平和谐、稳定繁荣国际新格局、新秩序的形成。

（三）"一带一路"是共同发展、共同繁荣的合作共赢之路

"一带一路"贯穿亚欧非大陆,一头是活跃的东亚经济圈,一头是发达的欧洲经济圈,沿线各国资源禀赋各异,经济互补性较强,彼此合作潜力和空间很大,"一带一路"通过政策沟通、设施联通、贸易畅通、资金融通、民心相通五大政策,秉持和平合作、开放包容、互学互鉴、互利共赢的理念,将不同资源禀赋、经济结构、政治基础的国家凝聚起来,打造政治互信、经济融合、文化包容的利益共同体、命运共同体和责任共同体,使沿线国家认清在经济全球化背景下"一荣俱荣、一损俱损"的连带效应,致力于创建和谐发展环境,从而在合作中实现共赢。

（四）"一带一路"具有地缘经济与地缘政治的双重属性

这一特性是由现有国际秩序以及中国目前所处的国际地位决定的。一些国家政治上的考虑会反映在经济领域的合作上,消极、牵制、阻挠、对抗都可能发生。而中国内要转型升级,外要和平崛起,决定了"一带一路"区域合作担负着经济上实现互利共赢、政治上建立互尊互信的双重历史使命。所以,推进"一带一路"区域合作一方面要积极主动,另一方面要量力而行,守好安全底线,在意愿和行动之间确立良好的路线图,实现资源的有效利用。

（五）"一带一路"优先发展基础设施的互联互通

基础设施决定民生根本,是一国经济发展的基础,因而,基础设施互联互通是"一带一路"建设的优先领域。这一措施实施得

好,能够非常有力地推动沿线国家的发展。在实施过程中,要充分尊重相关国家主权和安全,在此基础上加强沿线国家的基础设施建设规划、技术标准体系的对接,共同推进国际骨干通道建设,逐步形成连接亚洲各次区域以及亚欧非之间的基础设施网络。同时,还要强化基础设施绿色低碳化建设和运营管理,在建设中充分考虑气候变化影响。

（六）"一带一路"重视实现投资贸易的合作

前文已经提到,投融资缺口巨大是制约亚太地区经济发展的重要因素,因而投资贸易合作是"一带一路"建设的重点内容。为促进合作的更好开展,沿线各国应着力研究解决投资贸易便利化问题,消除投资和贸易壁垒,构建区域内和各国良好的营商环境,各国积极共同商建自由贸易区,激发释放合作潜力,做大做好合作"蛋糕"。

（七）"一带一路"的重要支撑是资金融通

资金融通是"一带一路"实施的重要支撑,目前已采取各种措施促进国际资金融通的实现。例如,在 2015 年,亚洲博鳌论坛上发表的《愿景与行动》明确指出,共同推进亚洲基础设施投资银行、金砖国家开发银行筹建,有关各方就建立上海合作组织融资机构开展磋商。加快丝路基金组建运营,充分发挥丝路基金以及各国主权基金作用,引导商业性股权投资基金和社会资金共同参与"一带一路"重点项目建设。深化中国—东盟银行联合体、上合组织银行联合体务实合作,以银团贷款、银行授信等方式开展多边金融合作。支持沿线国家政府和信用等级较高的企业以及金融机构在中国境内发行人民币债券。符合条件的中国境内金融机构和企业可以在境外发行人民币债券和外币债券,鼓励在沿线国家使用所筹资金。

"一带一路"高瞻远瞩、审时度势,构建全方位、多层次、复合型的互联互通网络,以实现亚欧非大陆及附近海洋的互联互通,实现沿线各国多元、自主、平衡和可持续的发展。对密切我国同中亚、南亚周边国家以及欧亚国家之间的经济贸易关系,深化区域交流合作,统筹国内国际发展,维护周边环境,拓展西部大开发和对外开放的空间,都有着重大的意义。

第二节 城市形象的认知

一、城市形象的概念

每个城市,都有其发育、成长的母体和土壤,都有它独特的个性或区域特征,自然地缘、环境形态、绿色生态、历史文化、城市区位和经济发展水平等要素,在该城市的人间、空间与时间的共生共存中赋予了不同城市迥异的面貌与特征,在此基础上就诞生了"城市形象"。

（一）"城市形象"的界定

所谓"城市形象",是指一个被人们认为"城市"的事物所呈现出的"形象"。"城市形象"由城市方方面面的事物构成,而方方面面的事物都有自己的"形象",凡成型某个特定城市的事物就会被"烙上"这个城市特有的"印记",这些印记是由这个城市的地域文化独特印记所决定的,当这些带有印记的事物汇聚在一起的时候,这个"城市"的"形象"就会浮现出来。

城市形象是该城市以物质和非物质为载体的各种信息向人们传递与交流的外在形式和综合反映,是由这个城市的人间、空间与时间共同建构的、有别于其他城市的、代表该城市特质的整体形象。

由于城市是复杂的多因素、多侧面的综合体,城市形象的呈现是丰富的。

（二）"城市形象"与"城市印象"

每一个城市或多或少都会给过往的人们留下关于这座城市特征的"印象"。人对形象的感知源于感觉与知觉。从城市艺术角度分析，审美感觉和审美知觉是感知城市形象的认识基础。人们在体验城市形象时，总是以城市形象的感性材料作为形象认识的起点，通过对城市的亲身体验，通过视觉、听觉、触觉、味觉、嗅觉等各种器官，以及通感感知外界事物，形成具体的感性印象，这些表象材料所构成的"城市印象"是在人们大脑中形成"城市形象"不可缺少的因素。

城市形象是城市自然存在与人为创造的双重结果，取决于城市的综合资源，再现于公众的共同认知与综合评价。而城市本身的综合性决定城市形象属于"文化"范畴的构成，具有大众性。而城市印象是一种个人意识，属于个人的"心理"范畴的构成，具有个体性。

（三）城市形象的价值认知判断

对城市的认识具有主观性倾向，认识性的认知包含了收集、思考、组织和保留信息。人们认知城市的形象还包含着个人对城市的情感。情感性的认知包含了人们的情感，它可以影响人们对城市的认知，同样，对城市的认知也影响着人们的情感。在每一个人的心中，都有向往的城市；在每一个人的心中，都有对自己居住过的城市的依恋、怀旧和特有的情愫。城市与以往生活过的城市之间的差异，这种差异之美是最易叩击人们的心扉，并表现为某种形象留在人们的心中。

城市形象的认知还包含着源自城市在人们心中的某种心理定式的外在评价和联想，即判断性的，包含了价值和偏爱以及"好""坏"的判断。一些著名的城市已经有一定的知名度，其城市形象容易在人们心中形成某种心理定式的外在评价。

（四）城市形象的结构

1. 城市建筑

城市建筑是城市形象的重要组成部分，也是反映城市面貌的主要载体。城市建筑的好坏决定了一个城市现代文明程度的高低。在城市中建设大规模的现代化建筑样式，不但体现极高的科技水平，还表现出对传统文脉的继承和发扬（图1-1）。

图1-1　西班牙高迪的米拉公寓

2. 道路

道路是人们穿行城市的主要移动路线，可将道路分为步行和交通运输两大类型。传统的街道形式与现代道路特征有着显著的区别，在尺度和形式上，由原先的狭窄步行通道以及曲折不规则的道路系统，逐渐过渡到现代化的宽敞几何布局和立体交叉路网体系，这在很大程度上改变了传统道路的职能，由喧闹的聚会空间演变为一种以穿过性为主的交通空间（图1-2）。

3. 城市边界

城市边界是分隔不同城市或者城市与乡村的重要界线，一般带有极强的防御功能（图1-3）。有时，城市边界是模糊和不确定的，它也会随着城市的不断扩张而产生相应的变化。然而，现代城市更加趋向于要求建立明确的城市边界特征，以区分不同地域的风貌，并利用明确的边界限制城市规模的盲目蔓延。

图1-2　格拉斯哥的道路

图1-3　温莎城堡

4. 节点

节点作为城市的战略性焦点,应具有明显的形象特色,起到吸引人流以及突出城市面貌的作用。节点可以是建筑物的组合,也可以是开放的广场空间,它对人群的集聚效用和内部功能的完善起到重要作用,是城市节点成败的关键。在一定的区域内,进行集中的商业开发,形成人流聚集的城市节点(图1-4)。

图1-4　城市节点

5. 标志物

通常是由艺术作品构成,它的形象、大小和色彩变化在城市中起到重要的引导和指示作用。标志物的形象特征不仅代表着居民的某种审美取向,同时它往往还是一个时代的写照,反映了特定民族的内在文化气质(图1-5)。

图1-5　广州塔

6. 空间及其组合关系

空间及其组合关系是与城市建筑相关联的城市形象要素。空间虽然在形式和建筑围合程度上易于为人所感知,但是空间及其组合所传达出的更深层次的特定文化内涵却是空间的重要意义所在。

城市是由形状不同、尺度不一的空间系统组织起来的,建筑与空间有着密切的联系,在建筑表皮内外均有空间存在,它是组成城市的重要形象特征(图1-6)。

图1-6　伦敦国家美术馆前广场

7. 人的活动

人的活动是城市的可变元素,对城市形象也会起到影响作用。与其他静态的构成元素不同,人的活动无时无刻不在变化。一切城市的形象改造都或多或少地体现出居民生活的需求,同时,城市形象的成功,又离不开人的活动的反作用,任何不尊重当地居民的设计行为必然面临着失败的境遇。因此,对某一民族生活习惯和风土人情的详查,是城市形象研究的重要基础(图1-7)。

图1-7　城市中人的活动需求

二、城市形象与城市文化

(一)城市文化的内涵与构成

1. 城市文化的内涵

在传统观念看来,文化是一种社会意识形态,是与经济相对立的两个不同的范畴。但随着信息化与全球化进程的发展,文化已突破传统认识范畴,其经济效应日趋明显,甚至被当作一种资本进入生产—消费循环系统,在当前社会历史阶段这一特征尤为明显。

文化,是一个万分复杂的词汇,关于文化的理解也是多种多样,莫衷一是。通常情况下,文化的外延与人的概念以及社会概念的外延具有一致性,这就是造成文化复杂难辨的根本原因。文化的最原始含义是一种符号系统(语言符号),其目的是交换信息和统一人的行为。

文化一词最:在我国文化这个词最早出现在刘向《说苑·指武》之中"凡武之兴,为不服也,文化不改,然后加诛","文化"的意思是文治教化,与"武功"相对应。古典拉丁语中通常用于表示耕种土地、农业劳动等。到公元前45年左右,古罗马的一些哲学家开始使用 cultura animi 的构词方法,即耕种智慧。因此,在西方使用文化一词时,主要包含两个意思,即耕种土地和耕种智慧。虽然中西方在使用文化一词时表达的意思稍微有所不同,但都表明文化最初并不是一个名词,而是一个动词。

文化一词近:文化产生于文艺复兴和启蒙运动之间,最早将文化作为名词使用的,可能是德国的裴多菲和歌德。在我国,将文化作为名词使用并定型,大约产生于我国"五四"时期的新文化运动。此后,文化作为一种学术术语开始进入社会科学领域。最先对文化进行定义与讨论的是哲学研究。

从文化研究的近现代发展来看,可以将文化的理解方式归结为三大类别,即文化人类学领域关于文化的理解,从文化人类学分离出来的文化学对文化的理解,以及从哲学视角出发的"文化哲学"对文化的理解。

文化人类学的基本目标是对一个民族或者一种文明作细致而整体性的历史研究,主要考察宗教、仪式、道德、法律等与民族发展的相互关系。其典型代表是英国人类学之父泰勒(E.B.Tylor)。

从文化人类学中分离出来,创立了文化学这一单独科学的是美国学者怀特(L.A.White)。其从构建如何分析和理解文化的理论系统出发。

最后是从文化哲学角度出发理解文化,主要以苏联学者为代表。他们关于文化的理解主要基于马克思的历史唯物主义观,因此其主要观照的是社会经济基础、意识形态等内容。

由于文化本身的复杂性,因此研究文化不可能将文化所包含的一切对象作为一个对象同时予以研究,而只能删繁就简,选择文化大系中的某一侧面作为研究重点。和城市与区域研究紧密相关的文化研究主要包括文化景观研究、文化区域研究、文化集聚扩散研究、文化生态研究、文化超机体论研究、文化空间性研究以及文化的经济性研究等。

文化景观研究的学者认为不是自然造就文化,而是文化作用于自然,并且以文化景观为作用的结果和表现形式,因此考察文化在自然上的外在表现将获得对文化的理解,而文化内部各要素的相互作用关系显得并不那么重要。文化空间性和文化的经济性研究属于较新的研究领域。其中文化空间性研究属于新文化地理学观点,认为文化与空间具有紧密联系,主要探索人与空间联系的文化纽带,以及空间内涵的人类文化情感。文化的经济性研究主要着重研究文化作为一种可消费的符号的经济效应,以及文化商品化的可能性。

基于上文对文化的释义,城市文化可以简单概括为在城市范围内的共识符号系统荷载的社会信息及其生成和发展。而从城市文化一般性的论述中,可以看到其对"共识符号系统"这一重要概念的忽略。事实上,文化的"约束性和规范性"这一最原始功能,正是城市文化与乡村文化相区别的最重要方面之一。

文化不仅包括如戏剧、歌剧、艺术、文学及诗歌等象征性活动形式,还包括那些推动文化发展的所有机构以及民间文化和日常生活文化。因此,在分析城市文化的特殊性时,首先必须观照城市文化所包含的思想观念和价值观念。在此基础上,还必须借助比较城市文化与乡村文化的差异这一方法来对城市文化的最深层次做出剖析。

从社会学角度讨论城市与乡村两者间的区别,最为著名的当为沃斯的"城市作为一种生活方式"的论断,其从城市人口规模、居民密度、居民和群体生活的差异三个方面阐述了城市之于乡村的特殊性(表1-2)。

表1-2 城市与乡村居民的精神比较 [①]

影响要素	乡村	城市	对居民造成的影响
生产方式	家庭作坊式生产为主	专门化大生产	强化了个人对社会其他成员的依赖性
社会组织	血缘、家族关系	社区、社会契约	工作交流需要为主,强调信用、精确、守时
经济目标	小农经济、自给自足	商品经济、获利	精确计算、趋利、利润获取、商品交换、购买
生活节奏	相对缓慢、悠闲	快速	疲于应对、厌世情绪
生活环境	简单、稳定	复杂、多变	反应迅速、应对、自我保护、高度紧张
生活圈	狭小、封闭性	广泛、多样、复杂	社会监督降低、个性发展、个体外向拓展
行为规范	道德、风俗为主,法律为辅	法律为主,道德为辅	个性增长、极端行为概率增多

一定程度上讲,这种关于城市居民精神状态的论述不免有些偏激。但必须承认的是其的确揭示了城市精神文化中某些最为本质的内涵。事实上,城市人的个性张扬、崇尚时尚潮流、城市增长机器的本质、城市居民对休闲的需求、城市消费主义的盛行等都可以说是上述文化心理的现实表现。

2. 城市文化的构成

文化城市的基础即是文化资源的存在,一方面文化城市这一图景必须以多样性的文化为其基本构成内涵,以满足城市居民多样性文化消费以及文化与情感交流的需求;另一方面文化城市这一目标的实现必须依靠整合、发展、经营、运作文化资源才能获得实现。

文化资源既有一般资源的特点,也具有明显的特殊性。首先,从文化资源的内涵来看,文化资源是一个动态变化的概念,这是因为人类认识水平处于不断变化之中。其次文化资源具有地域

---

① 根据西美儿的《大都会与精神生活》整理。

特征,即不同种族和人群对文化存在的价值认知具有差异性。再次,部分文化资源具有可多次交换性,即不同于煤、石油等传统自然资源,一些文化资源可以进行多次交换,具有裂变效应,文化资源作为一种具有共同认知价值的存在,一旦人们将商品经济以及资本经营的思路引入其中,文化资源则会转变为文化资本。文化资源一旦转变为文化资本,便具有累积效应。

文化创意产业的发展基础是对文化资源的经营和开发,也是文化资源的商品化所形成的产业门类。文化创意产业首先表现出来的是其巨大的经济效益,其次是由文化创意产业发展带来的创意人才集聚、创新孵化、资本扩张以及随之增加的社会就业,文化创意产业成为文化城市的动力要素。

何谓文化创意产业,不同国家不仅采用了不同的术语,而且界定的具体行业类型也不尽相同。在我国,2004 年国家合多个中央政府部门联合设计了《文化及相关产业分类》,将文化产业的范围分类初步界定为六个方面,以期作为 2004 年全国第一次经济普查的统计标准。

2006 年,为了适应文化产业发展和统计的需要,国家统计局和北京市共同正式颁布了《北京市文化创意产业分类标准》,这是我国首个关于文化产业的统一统计标准。

文化景观是文化城市的魅力要素。景观的产生必定依赖于某种客观存在,例如城墙、森林、山谷等;这种客观存在要构成景观,必定需要通过人的审美和感知,即景观是一种感知和审美的结果。

文化城市,必须将文化景观最具魅力特质的文化要素充分凸显出来,以利于城市居民和其他有机会接触该城市的"漫游者"[①]对城市文化的感知。而"漫游者"对这一媒介的接触,则完成城市文化的传递和文化景观的最终形成。

城市文化景观包含多个层次。对于外来的"漫游者"而言,

————————

① 漫游者不是指一种无家可归、无依无靠的流浪汉形象,而应该是倦怠舒适与惬意的城市自由漫步者。

城市景观属于表层,是其最易于感知的对象,即一般性风景审美的过程。有序、细腻而丰富的城市景观将给"漫游者"带来强烈的审美冲击和深刻的感知意象。例如威尼斯以蜿蜒的水巷、流动的清波、精巧的建筑以及细密的城市纹理体现了其水都风采,给人印象深刻,诗意遐想。

城市文化景观的第二个层次,即内涵的城市文化价值、情趣与城市精神等。由于该内容的隐性特质,其必须依靠一定的规划设计予以表现。例如采用"植入式"广告的手法,不经意中将城市文化价值观、审美情趣、风俗习惯等传递到外来"漫游者"的意象之中。机场多种语言写就的问候语表明了该市是一座国际化城市(图1-8);一路随处可见的城市植树计划与土产鲜花阵列表明该市是一个生态城市等。

在我国,上海呈现了"海派文化",北京则呈现了"京派文化",除了其物质文化景观所传达的信号外,最能区分这一文化差异的是两地市民的不同思想观念与行为文化。

图1-8 日本机场四国问候语言

城市多种人群的行为、服饰、语言等都构成了现代城市文化景观的一个重要方面,都是展现城市居民文化涵养与价值观念的重要窗口。城市多种人群的行为、服饰与语言等将直接影响到外来"漫游者"对城市包容性、文明度、开放度的感知。

文化的重要性不仅在于其能够丰富城市景观的内涵、提升城市居民生活质量以及培养城市居民的审美情趣,其重要性还在于多样化文化的熏陶与浸润能够促进人的思想进步,激发城市创新能力的发挥。例如 1880—1914 年间,维也纳(图 1-9)由于地方政权不稳定,多种文化潮流繁盛,城市管理体制出现多方参与的局面,因此造就了其创意中心的地位。

图 1-9　维也纳

文化氛围形成的基础性文化要素主要包括城市文化景观、城市文化休闲空间、城市文化基础设施与机构等。城市文化景观的作用在于其传递的城市精神与风貌。城市文化休闲空间则为城市居民、创意阶层、社会精英等提供各种交流互动媒介,例如茶馆(图 1-10)、画廊(图 1-11)、咖啡厅(图 1-12)等。这些场所为非正式交流提供了媒介。而非正式媒介的交流和学习,例如当前许多城市出现的"咖啡馆文化"是当前尤为重要的创意生成与交互模式。

图 1-10　茶馆

图 1-11　画廊

图 1-12　咖啡厅

　　城市文化基础设施与机构,则包括博物馆、大型教育机构、艺术长廊等。其中艺术馆、剧院、艺术长廊等,为城市居民共享文化艺术提供了空间。而大学课堂、研究机构等则为知识传承、文化创新等提供了正式媒介。

　　文化氛围形成的基础性服务与支撑要素主要包括硬件和软件两个方面,硬件如城市交通系统、城市市政系统等,这些为城市工作、生活便利性需求提供基本保障。软件方面则主要包括信息系统、金融系统等。信息系统为城市居民、创意阶层和精英、城市政府快速获取信息、实现远程交互提供了平台,并保持与世界范围内文化变动的跟踪同步。健全完善的金融系统则为具有高风险高附加值的文化创意产业发展提供了资本支持,使得营利性和非营利性创意产品、文化活动得以实验,并取得成功可能。由此形成一种宽松宜人的投资、实验性产品生产环境。

文化场所则是实现这一空间的重要媒介。文化场所从促进所有城市居民日常生活中的情感交流出发,构建生活空间,从而利于认同感、归属感与心理安全感的建立。

据舒尔茨(Norberg Schulz)对场所的界定,文化场所包括三个构成要素:静态的实体环境(static physical setting)、活动(activities)和寓意(meanings)。实体环境是场所赖以存在的实体空间,是场所的物质外壳,如建筑景观、建筑质量、建筑造型和周边建成环境等。活动是发生在这一实体环境内的各种人类行为及其对实体环境的影响。

20世纪90年代以来,网络技术的逐步普及及其在世界范围内的扩展,使得交往范围更加广泛,场所空间尺度也随之扩张。特别是网络技术不仅可以实现语音交互,而且提供多种视觉交互媒介,例如图片、动画等。这些信息交流形式克服了原来单一的语音信息交换模式的枯燥性,使得远距离交往更加容易并趋向真实。原实体空间范围的诸多活动,都慢慢脱离空间限制,走向虚拟化。

到目前,网络的发展可以说已经使得文化场所概念大为扩展,传统的地理临近性原则基本难以适用。这种新的网络虚拟场所按照其与现实场所空间的关系,分成两种情况。其一是完全虚拟的场所空间,即虚拟的空间与现实的空间并没有明显的对应关系,网络虚拟场所空间与现实社会机构或者空间相互对应具有紧密的镜像关系;而另一种情况是现实空间与虚拟社区镜像关系明显,用户构成复杂,例如西祠胡同。

可以说,网络虚拟场所与现实场所发生了复杂的交织与融合,即一个场所具有虚实两个空间,它们相互促进和交织,人物身份也包含虚拟、现实两个维度。

如文化城市的核心所言,其力图建成一种充满人情味的生活空间,而不仅仅是一个居住空间,工作空间。文化场所作为居民日常生活、休闲的集聚空间,它包括实体环境及与之对应的意向空间和虚拟空间。

城市一方面是一个复杂的自适应系统。城市中各构成要素通过流的形式进行相互作用转化,从而调整城市各要素的平衡构成并由此促进城市演进。另一方面,城市在自组织的演进过程中,亦受到人为介入与规范作用,这一作用可以被认为是城市制度与政策对自组织的调控。而在人为调控中,处于主导地位的通常是城市决策层。同时,文化城市各构成要素只有在相应的特定文化制度与政策下,才能得到有效协同。

城市文化制度是国家文化制度的具体反映,是文化城市建设开展的基底,它规定了文化城市的文化政策制定的基本指导方向和文化价值取向。而文化政策则是文化制度的具体实施策略,它直接表现了城市政府组织实施城市文化战略的决心、原则、能力与措施。

事实上,城市文化政策涵盖范围广泛。从其文化政策指向对象可以分成两个类别,即人力资源指向和文化活动指向。其中人力资源指向性政策包括对创意人才吸引的政策、对于城市流动人口的政策、对于城市居民的政策、对于不同国籍公民的政策等;而文化活动指向性政策指对各类文化活动的组织、支持与控制。例如对文化创意产业的龙头企业或产业的资金扶持,对特定文化创意产业的植根性培育,对文化、教育事业发展的投资,对不同产业采取的不同税收优惠,对各种城市营销活动的组织等。

第三节　多元视野下的城市形象

一、人间维度下的城市形象

人间,即世间,是人类的社会;空间,是与时间相对的一种存在的形式;时间,是事物存在或继续的概念。相对于城市形象而言,又该如何看待?仅用感知城市,显然是无法建构承载着历史、现实和未来的城市形象系统的。

每一座城市都有一部历史,每一座城市都有其不同的天然的城市区位。可以说,变化的城市形象与人间、空间、时间有着千丝万缕的联系。凯文·林奇说:"城市可以被看作是一个故事,一个反映人群关系的图示、一个整体和分散并存的空间、一个物质作用的领域、一个相关决策的系列或者一个充满矛盾的领域。"城市是无机的物质系统和有机的生态系统组成的人类社会巨大的有机复合体,其存在和发展本身就是一个多元的结构分化过程。研究城市诞生和发展过程,意味着解读城市的遗传基因及发展规律。站在城市全景的时间、空间、人间的制高点,牵引历史发展的脉络,或许是帮助我们探寻城市形象系统研究的有效途径。

（一）人与城市

人间,就城市形象而言是将人的形象塑造置于城市现代化的整体背景之下,与人的一切活动相联系所呈现的面貌。

1. 人对城市的影响

一座活的有生命力的城市必须是以人为本的,公元前5世纪古希腊智者普罗泰戈拉的哲学命题:"人是万物的尺度。"这句话是"以人为本"思想的最早表达。这种"以人为本"也使人类认识到,城市发展的关键是人。作为普通的"人",观察城市,无论是居者还是过客,去环视、发现城市中"人"的形形色色和"城市"的千姿百态,潜在地比较着自己与所观察到的他人的行为差异,并以自身的经历和境界保存着、解释着这些差异。人,既是城市的主人,又是城市的体验者,也是城市的创造者。

人是推进城市发展的核心,是城市化进程中最具活力和最富有创新能力的细胞。随着城市化进程的加速,越来越多的人成为"城市人"。城市人口与日俱增,人间的生活态也更具多样性。城市也面临着一系列的挑战:关注人的基本需求和生存状况,对多样化人群的尊重,给予人与人平等的机会,激发和鼓励人的创造力,应对老龄化社会的挑战,关注妇女和儿童的生活状况,城市流动人口的就业和社会流动性,等等。城市需要为人的生存质量创造条件,城市也应该成为人类创新和创造的温床。

城市的主体是人,创造城市形象的过程,也是塑造人的形象的过程,人与城市相互影响着对方。因此,作为一个资源体的城市的核心竞争就来自人才资源,那些可以更好地挖掘人的潜力的文化、制度等,是城市发展的最终目的。只有把具有管理素质能力、具有战略眼光和才能的人力资源变成人力资本,才可能使城市进入一个可持续发展的状态。提高城市的整体形象,其核心也是提高城市人的整体素质,在城市文明的意义上创造特有的城市文化机制和特有的城市行为文化。人赋予城市文化、性格和创造力,同样,城市人的素质修养、道德标准、行为规范、社会风尚与文明程度,以及城市人的多元与融合等都反映着城市形象。

2.城市对人的影响

城市形象是市民的骄傲,也是一种潜在的精神动力。良好的城市形象可以培养市民对城市的一种归属感,可以把市民的命运紧紧地与城市发展相联系,促使市民为城市的发展作出贡献。

城市,不仅是经济社会发展中的枢纽,同时,城市应该是市民安居乐业的美好家园,更应该是市民真正的精神家园,情感的归宿。

(二)天人合一的城市观

"天人合一"是中国古代哲学的基本精神,追求人与人、人与自然的和谐统一。汤一介先生认为:"中国古代哲学主要是儒道两大系统,从这两大系统看,无论是儒家还是道家,他们讨论的根本问题都是'天人关系'问题,而且发展的趋势更是以论证'天人合一'为其哲学体系的根本任务。"① 应当说,"天人合一"是中国

---

① 汤一介.从中国传统哲学的基本命题看中国传统哲学的特点 [M].北京:三联书店,1988

传统文化的核心范畴,也是现代城市观的重要组成部分。

城市是人类存在的一种状态,是人类群体生活需求和社会再造的必然结果。城市是人赖以生存发展的空间,是受到人为活动影响的生态实体。就城市形象塑造而言,城市是特定地域范围内以人的精神为主导,以城市空间为依托,以时间流动为载体,以城市文化为动力,以社会体制为经络,由整体系统构成的人工生态综合体,是一个开放的社会生态和自然生态两重含义复合的生态系统。

社会生态主要体现在社会发展的整体和谐方面,城市的各项系统,如经济运行系统、保障系统、供给系统、治安系统、交通系统等都十分健全,并得以高效运行;自然生态则主要体现在城市的自然生态环境的和谐上。社会生态和自然生态将人、城市和地球三者环环相扣,这种关系贯穿了城市发展的历程,也将在未来日益融合成为一个不可分割的整体。

二、时间维度下的城市形象

时间是一种客观存在。一切物质运动过程都具有的持续性和不可逆性构成了它们的共同属性,这种共同属性称为时间。时间的持续性,包括过程的因果性和不间断性;时间的不可逆性,则指过程能重复但不可能返回过去的性质。时间的概念是人类认识、归纳、描述自然的结果,时间除了持续性和不可逆性,还涵盖了运动过程的连续状态和瞬时状态,其内涵得到了丰富和完善。

（一）城市的时间

虽然城市是一个比较现代的概念,然而,城市从出现到现在已经有几千年的历史。历史的变迁,时间的磨砺一定在城市的发展和兴盛过程中起到独特且重要的作用,在城市的演变历程中也一定有时间的痕迹,这种历史的变迁和岁月的履痕对城市的经济和环境等必然产生过重大的影响。城市如同"活"的历史博物馆。正如意大利历史学家克罗齐(图1-13)所说:"一切历史都是当代史。"

图1-13　克罗齐

时间,就城市而言,是城市的过去时间、现在时间和未来时间。从时间维度看城市形象,广义上包括城市的过去印象、现在形象与未来想象。过去印象是公众记忆中的城市形象。现在形象是公众眼前的城市形象。未来想象是公众思维中预期的城市形象。因此,现代城市形象不能简单地理解为现在形象,而是以上三者的有机统一整体,即城市形象从过去到现在的变化、从现在到未来的趋势。

1.城市的过去时间

城市的过去印象是对城市过去时间的"古"的溯源。每一个城市都有自己的历史,有自己的"身世"。城市的历史像一条直线,是继承的、延续的,这样人们才可以找到城市源头在哪里,知道自己从何而来。由此,我们也确信,城市形象如同城市一样,不是一朝一夕、一蹴而就的,城市特色也不是短时间内就可以被人认知的,美好城市形象的建设是需要日积月累。城市的自然环境各不相同,城市随着时间的发展其历史也各有千秋,与时间历程、与自然的关系十分密切。城市自然环境和人文环境更是持续变化的,对环境的适应和改变,社会、经济、技术和文化的巨变一次又一次地塑造着城市,并成为城市"过去时间"的一部分,城市"是靠记忆而存在的",可以说,城市是在时间中上演的戏剧,许多有形的或无形的遗存记录了城市的变迁。就像一本活的笔记,记录着这个城市的历史与过去。

城市的建筑,作为"凝固的音乐",呈现出建筑的多样性和差异性价值,也显示了这个城市的记忆。城市名称也是城市的一个记录,不同时期的名称,显示了这个城市的历史变迁,与之相应,城市中的地名、路名,也是遗存的一部分。城市的建筑、广场、街道、桥梁、居家庭院,以及商业招牌等符号和象征的叙事可以被"阅读",作为城市"物"的外部表象,其背后还隐藏着"事"的内部情况,积淀了每个时期的思潮或精神,例如哈尔滨的中央大街(图1-14)、北京的胡同(图1-15)。阅读经时间历练而遗留下来的历史文化建筑,才便于阅读这个城市,认识这个城市。一个城市的兴起、发展、壮大乃至衰落,是一个时间的过程,这个过程就成为这个城市的历史。历次的城市建设在时间维度中的沉积,也在历史延续中逐步形成这个城市的风貌,文化与特质。而一个城市在现代化的过程中,最重要的就是存有这份文化与特质的历史的"时间",在对城市漫长的历史和自然文化资源的溯源中,可以为城市形象的设计找到背景和依据。

图1-14 哈尔滨中央大街

图1-15 北京胡同

2. 城市的现在时间

城市的现在形象是对城市现在时间的"今"的审视。城市是生态中的城市,作为一个极为复杂和敏感的生态系统,城市如同巨型的容器一般,不仅为城市自身设立合理发展的限界,也为在其中所发生的事件设立着展示的舞台。现代城市发展已进入经济全球化的时代,比以往任何时候都需要以全球视角来审时度势,发掘并利用新的资源。城市成了全球经济活动、政治活动和文化发展的重要节点,在经济全球化背景下,世界各地的城市已处于前所未有的激烈的竞争环境之中,国际经济竞争在很大程度上就体现为城市之间的竞争。

3. 城市的未来时间

未来的城市是复杂的城市,城市也在不断的生长之中。城市在时间重复节律和渐进的、不可逆转的变化中流逝。城市的过去已经定格了,而将来却是未知的。对于城市的未来面貌的憧憬,也是基于城市的过去与现在。城市必定是要发展的,城市的生命力也在于不断发展、不断延续。城市为了要体现历史的连续性,需要择取各种重要的历史阶段的优秀片段加以保存;城市为了满足未来的需求进行的现代化建造又常常破坏着这个历史范围所体现的气氛。城市的新技术、新经济、新管理不断产生,促进生态环境的良性循环,实现环境的可持续性,运用文化力、创意力和设计力,让城市更"美"。当然,每一座城市如何发展和建设,存在不同的思想观念、模式和方针。观念不同、方针不同,过程就不同,结果就不同。

人类缔造了城市,而城市则还诸人类丰富、精致而美好的生活。未来城市应具有兼收并蓄、包容万象、不断更新的特性,将促进人类社会秩序的完善、财富的积累、多元文化共存,同时意味着历史和未来的和谐。城市的未来是人们对城市的理想,是城市发展与城市形象设计的决策方向。

（二）城市"时间边疆"

城市环境在一天中的不同时段以不同的方式被人们感知和使用。城市形象的设计师需要理解时间的周期现象和启示:昼夜交替、季节变化,以及相应的活动周期。

由于人们在时空中的活动是不断变换的,所以在不同时间,城市环境有不同的用途。城市形象的设计者需要理解城市空间中的时间周期以及不同活动的时间组织。尽管城市环境随着时间在无情地改变,但保持某种程度的延续性和稳定性也很重要。城市形象的设计者不但需要理解环境是如何变化的,还要能设计和组织这样的环境,允许无法避免的时间流逝。同时,城市环境随着时间的更迭在变化,同样,城市形象的设计方案也需要随着时间的更迭而逐步更新。

人类虽然不能创造时间,但是可以通过更为有效地利用二十四小时的时间,尤其是夜晚,获取更自由、更多样化的时间而相对摆脱时间的束缚。我国正处于城市化加速发展的阶段,开发城市的"时间边疆",将城市的时间因素更好地整合在空间中,实现时间因素与空间因素的有机结合,使城市活动在时间上交错利用。不但可以缓解当前我国城市化进程中一系列城市问题,还可以创造出一个富有文化感的四维空间,达到最大的使用效率。城市的夜生活也是开发"时间边疆"、创造思维财富的方式。夜晚时间的城市生活景观开发,城市新型光环境艺术等亮化体系,开放博物馆等健康的夜生活文化体系、高品位的消费体系等。若是俯览城市的夜空,夜晚灯光最明亮的往往是发达的现代城市。

另外,"时间边疆"的开发,对解决空气污染、噪声污染、热岛效应等都有较好的效果。进入现代社会的城市,在时间流变中积淀鲜明的时代特征,这种丰富有序的城市时空结构有助于构筑良好的城市形象。

三、空间维度下的城市形象

(一)空间的概念

空间,是指物质存在的一种基本形式,表述的是物质存在的广延性。空间和时间一样是物质运动的必然组成部分。在日常生活中,空间往往被表述为我们周围可被利用的物质存在,在其中可以容纳各种物质的或非物质的事物。关于空间的定义有很多不同的类型,所涉及的层次也有所不同,既有几何学或者物理学的,也有其他不同学科的;既有日常生活的,也有哲学层次的等。这里,我们对空间的论述将建立在哲学层面与日常生活层面相结合的基础上,来分析城市的空间。

空间有三个维度,如图1-16所示,空间中的一个点只能作出三条通过该点的且相互成直角的直线。我们在描述不同的空间时,所使用的都是几何学或物理学的空间概念,描述的只是抽象的空间。纯粹的几何空间和物理空间显然是不能用来解释城市空间的,但城市空间必然是由几何空间组成的。

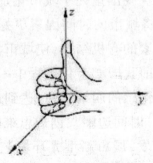

图1-16 三维空间

人们在实际生活中所认知的或感觉的空间,实际上要远比三维的空间复杂得多,如图1-17所示。而且,空间中所包容的一切直接地影响着我们对空间的感觉与认识,而这些感觉与认识又决定了人对空间的范围、界限的认识。这就是说,空间本身是客观存在的,但在人的世界中,通过人的使用与改造,并在使用与改造的过程中重塑着空间。

图1-17

另外,人的存在与空间紧密地联系起来,不同的空间也有着不同的活动方式,不同的活动也存在于不同的空间之中,如图1-18所示的广场活动空间,图1-19所示的道路空间。因此,空间不仅仅是为人所使用的,同时也是人所体验的。

图1-18 广场

图 1-19　街道

（二）空间与场所

　　场所也是一种空间，是一种带有精神内容的空间，这种精神内容是由其意义的关系所定义的。如果空间的概念更多地强调场所的可见的物理形式，则是可以描述的，但场所的概念更强调场所中的人的体验和实践，在这样的意义上，我们通常所强调的场所，实际上总是与场所的精神性联系在一起的，如图 1-20 所示，公共与私人领域的划分一目了然。

　　一定的场所总是支持和鼓励某些事件和活动的发生，阻止和禁止另外一些行为的发生。教堂是宗教礼拜的场所（图 1-21），不允许买卖交易；法庭是审判的场所（图 1-22），禁止自由讨论。场所的边界就是行为停止的地方，场所将人们的活动方式和程序固定下来，从而控制人们的行为。因此，将行为与其发生的空间结合在一起的分析，是当代空间分析的核心。

图 1-20　城市空间分布图

图 1-21 教堂

图 1-22 法庭

尽管场所总是一定范围内的三维空间,但它绝对不是抽象的空间。每一个人出生、长大直到目前生活都会有一定的场所,并且与之具有深刻的联系。这种联系似乎构成了一种个人与文化的认同及安定之活力源泉。

(三)空间的层次划分

对于空间层次划分较为著名的有诺伯格 – 舒尔茨(图 1-23),他把空间划分为五种概念,即:肉体行为的实用空间;直接定位的知觉空间;环境方面人为形成稳定形象的存在空间;物理世界的认识空间;纯理论的抽象空间。这五种类型的空间在人类社会的发展过程中担当着不同的功能。在对空间进行总体认识的基础上,诺伯格 – 舒尔茨将空间划分为六个阶段:即器皿阶段;家具阶段;住房阶段;城市阶段;景观阶段;地理阶段。

图 1-23　诺伯格－舒尔茨

（四）城市空间的意义

在对城市空间意义的研究中,拉波波特（图 1-24 ）的阐述是最有代表性的,既广泛又深入。

图 1-24　拉波波特

城市空间环境是建成环境的最主要的组成部分,因此,大量的有关建成环境的研究可以较为直接地引入到对城市空间意义的认识中来。拉波波特对空间意义层次进行了划分,主要分为三个层次,即高层次意义,是指有关宇宙论、文化图式、世界观、哲学体系和信仰等方面的;中层次意义,是指有关表达身份、地位、财富、权力等;低层次意义,是指日常的、效用性的意义。

在拉波波特看来,城市空间环境所反映的是城市社会中或城市空间中的一系列重复的、稳定的、基本的共同行动的结果,在这样的环境中,具有共同文化背景的社会成员能够知道在不同的环境中该如何行动以及如何行动得当,从而可以比较方便地在不同的成员之间建立起有效的协同行动。这既是文化所赋予的共同基础,也是在人的生长过程中逐渐习得的。这样,在特定文化的背景中,人们可以比较轻松地理解与他们发生联系的城市空间环境以及在此环境中的情境,按照他们对空间意义的理解而采取相应的行动。不同的行动在不同的空间环境中发生,如图 1-25、图 1-26 以及图 1-27 所示,处于不同空间的人们所产生的不同的行动。空间作为人际相互作用的一个媒介,使个体的行为约束在一定的范围,从而形成恰当行为;同时也使这种行为可以更容易为别人所理解。

图 1-25　游乐场

图 1-26　乡村

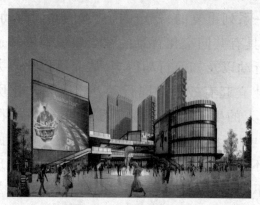

图1-27　城市广场

　　拉波波特认为,建成环境的意义首先是人对空间本身的认识,而人的认识首先在于他所看到的物质要素及由此而在他的头脑中形成的意象。意象的形成过程是复杂的,而建成环境则为这种意象的形成提供了适宜的线索。环境对行为有着约束、促进或是催化的作用,环境不仅作出提醒,而且作出预言和指示。

　　纵观拉波波特对建成环境的意义的探讨,可以看到,尽管我们可以把城市空间划分成物质的、社会的和抽象的客体来进行分析和研究,但这些是合在一起并相互作用的。城市空间在空间、时间、交流、意义的基础上被认识、被组织起来。因此,不同的文化背景就会有不同的规范性理论。

　　以中国和印度的古代城市空间形态为代表的是宇宙论模式的典型,这种城市形态直接地与天、神、人、礼仪等紧密相关,并且受当时人们对这些内容的观念和认识的控制,城市空间形态直接表现了这样的一些观念和思想。因此,这样一种空间形态模式是建立在这样的价值观基础上的,如秩序、稳定、统治、行动和形态之间紧密而持续的相互适应,所有这些都反映出了对时间、衰败、死亡以及混乱的否定。

　　第二种类型则与此相反,它们往往以快速建设为目的,建设的目的非常清晰,也非常确定。因此,它也有永久的组成部分,但那些组成部分是可以被移动或被移走的,也就是其整体是可以被改变的,也可以被修复的,如图1-28所示的绿化地带。这些组成部分相对是比较小的、明确的,通常相互之间都非常相像,并且它们之间是机械性的联系,如图1-29所示的城市建筑之间的结合。它们的目的更多地在于为了某种自己的目的而向物质世界的扩张,并且具有选择的自由、交换或修正的自由,可以摆脱强制意义或克制的自由,各个部分是简单的、标准化的、容易改变的,并不突出它们自己的意义。在整体组织中,各部分之间也是相互平衡的。

第三种模式是有关于有机生长的。任何一种有机物都是一个自主的个体,它有明确的边界,不会因为附加的组成部分而改变它的规模,但它的组成部分却是非常紧密地相互联系在一起,而且没有明显的边界。它们一起工作并以精致的方式相互影响,形态和功能不可分地结合在一起,整体的功能是综合的、动态的,是一种自我平衡性的动态过程,如图1-31、图1-32所示的城市布局。

图1-28 绿化地带

图1-29 城市建筑群

图 1-30　佛罗伦萨

图 1-31　西西里

　　这三种规范理论,建立了城市整体空间与世界观及价值观之间的联系,反映出城市空间组织在城市整体形态层面上的意义。

第二章 "一带一路"倡议下的
中国城市景观构建

城市是人类文明和创造力的源泉。城市是有形象的,而且是有理论的,城市形象的系统设计要受到该城市地域文化的"心理"要因的制约,从文化与形象的意义上对城市进行总体的设计,进行一种美学的思考,使得城市形象更好。

第一节 大城市与中小城市的景观形象的差异

从大城市到小城市,不同等级的城镇承担着不同的社会职能,提供不同等级的社会服务。如国际级的经济中心城市承担着国家经济发展的引擎作用,是国家经济融入全球经济网络的节点,承载着大量人流、物流和信息流,而中心镇则具有承上启下的重要作用——既是大中城市扩散工业的接纳地,又是分散农村工业的集中地,及相应服务业的小区域综合中心,这样便可形成系统完整的区域化服务和基础设施体系,实现国家或地区的整体高效运转。尽管城市不论大小均由各种形态的建筑实体、城市交通等基础设施网络和绿地系统组成,均应满足人们日常工作和生活的各方面需要,但不同的社会职能直接决定了大城市与中小城市在城市景观形象上有着诸多差异,具体表现在以下几个方面。

一、城市空间尺度的差异

大城市与中小城市在景观形象上最显著的差异便是城市空

间尺度的差异。

大城市作为国家经济、文化或政治中心,承载着大量人流、物流和信息流,这里往往是高层乃至超高层巨型摩天楼的聚集地,人们常说的"城市长高了"形容的便是此种城市景观现象,单体建筑面积动辄十几乃至几十万平方米,体量巨大且功能高度复合,建筑实体所围合限定的城市公共空间如城市广场、街道、绿地系统等尺度也相应宏大,城市轮廓线起伏而丰富,处处体现出现代化大都市的恢宏气势,以及接轨全球、辐射周边地区的引擎式巨大张力,人们身处其中更多感受的是人类文明对于自然的征服力、作为个体的人其自身的渺小以及现代都市的紧张感、快节奏和高效率。

二、城市交通网络的差异

城市交通网络建构了城市的基本骨架,建筑实体附着在其两侧围合限定着城市空间。城市交通网络作为城市基础设施,其数量、等级和分布密度等的确定均有一定的科学依据,是与其城市规模和职能运转的需要相匹配的,因此,大城市与中小城市的交通网络在数量、等级、分布密度以及种类上均有着较大的视觉景观差异。如同样是城市主干道,由于每小时机动车流量的不同,大城市往往采用八车道、四幅路的道路形式,而中小城市则采用四至六车道的三幅路的道路形式;又如某大城市其道路红线等级有 14 m、24 m、30 m、40 m、60 m、80 m、100 m 之分,而某中小城市,其最高等级道路红线达到 60m 便已能完全满足城市交通负荷的需要;再如由于交通流量及每日人流量的巨大,二维平面化的交通网络已无法满足大城市的高效交通运转,加之地价的昂贵,迫使交通向立体空间化方向发展,于是城市高架、地铁、轻轨等成为大城市中司空见惯的城市景观,而中小城市交通方面的压力则小得多,一般二维的城市交通网结合局部的立交形式便可满足其城市运转的需要。

三、建筑单体的综合度

随着全球快速城市化进程及对城市土地集约化使用要求,在各大中心城市的中心区出现了众多的集居住、办公、出行、购物、文娱、社交、游憩等城市中不同性质、不同用途的社会生活空间于一体的城市综合体,它们通常规模及体量、尺度巨大,有的甚至跨越一至几个街区,其建筑内部使人产生"城市"之感。此类建筑尽管投资巨大,科技含量高,功能、流线组织错综复杂,运行过程中对管理人员素质及软件要求极高,但具有极好的综合经济效益,为大城市社会职能的有效发挥提供了物质保障;而中小城市由于其所承担的社会职能相对简单,人口密度及土地集约化要求较低,投资回报率不如大城市,导致一次性投资规模较小,因此,统一规划指导下功能独立、便于管理的建筑单体模式具有更强的现实性和可操作性。

四、城市中的建筑风格

大城市与中小城市在建筑风格上存在着明显的差异,大城市中的建筑物往往体现出强烈的现代感和国际化倾向,而中小城市则更多体现出当地的地域文化特征,这也是由其各自所承担的城市职能所决定的。时下,关于如何保持城市的地域风格,强调传统建筑文化的传承成为业内人士的热门话题,但我们应清楚地认识到一个地区的地域特征是在一定的条件下产生的,它受当地的地理、气候条件、生产力水平、生活方式及人们对建筑物的使用方式等多种因素制约并以特定的物质形式与其相匹配。如前所述,作为国家经济、文化或政治中心的大城市,担负着接轨全球、辐射周边地区的引擎职能,其超大的城市尺度、建筑综合度和全方位的立体交通成为确保其职能有效运转的必不可少的物质载体,与传统城市街区模式中的小体量、功能单一、平面化的二维交通模式相比,其所对应的生产力水平、生活方式及人们对建筑物的使用方式等相对于传统模式均发生了质的改变,它决定了大城市中的建筑物往往体现出强烈的现代感、高科技和国际化倾向,更多地展现了融入全球大家庭的姿态,体现出地域文化的相对消隐。这是一种无奈然而又是一种必然。当然,大城市也可通过对局部传统街区的保护和改造来保留一些城市的"记忆",但作为国际化的大都市,国际性必然是其主流景观视觉形象。同样是城市职能决定了中小城市具有与传统城市模式相近的生产力水平、生活方式及人们对建筑物的使用方式,其城市中较小的空间尺度和建筑体量、较为单纯的建筑功能、平面化的二维交通模式等均与传统街区的景观视觉形象相关联;从投资的经济性来看,就地取材是中小城市投资方更易接受的方案,这些因素使中小城市在保留城市景观形象的地域特征方面显得更为顺理成章和得心应手。

第二节 城市不同区域的景观形象设计

一、城市居住区

（一）居住区景观形象构成要素

居住区相对独立和围合的空间给人以安全感,但理想的居所应该是自然场址和景观环境的完美结合。景观的基本要素不仅是住宅区的组成部分,而且还是人与自然交流的生命物体。景观要素不是孤立存在的,只有与其他元素相结合并融为一体时,它的含义才是固定的、内在的。

居住区景观构成要素主要有：场地、地形地貌、住宅建筑和辅助建筑、公共设施、开放性公共活动空间、水体、绿地、植栽、环境小品等显性要素和历史文脉等隐性要素。

（二）居住区景观形象设计的目标与步骤

1. 居住区景观形象设计的目标

居住区整体环境设计所要达到的基本目标主要有：

（1）安全性。居住区相对于城市开放性公共空间来讲是一个相对封闭和私密的空间环境，人们生活在这种居住环境中，不必担心来自外界的各种干扰和侵袭，使人具有安全感和家园的感觉。

（2）安静。由于居住区的功能特点，决定了居住区有别于其他公共环境，人们在外工作之余回到家后，需要一个安静的休息环境，使疲惫的身心得以恢复。

（3）舒适性。居住区的舒适性除了包含以上两点外，还应该具有良好的空间环境与景观、安全的生态环境，充足的光照、良好的通风、葱郁的绿化、良好的休闲运动场所等条件。

除了以上三点目标外，居住区设计还要结合国情，体现实用性、多样性、美观性、经济性的原则。居住区的景观形态是外在的表象，通过形态的创造来达到高品质的空间才是主要目的。

2. 居住区景观形象设计的步骤

居住区的景观规划是建立在前期建筑规划的基础上的，前期规划方案的优劣对后面的景观规划有着重要的影响。居住区的景观规划通常分为三个步骤。首先是总体环境规划，这个阶段规划师和建筑师已经开始了前期的设计工作与创意，若景观设计师能够早期地介入前期的规划与设计，发挥各专业的优势，可以使设计方案更加完善，以便为后面的景观设计打下良好的基础。景观设计师首先需要了解新建居住区的开发强度，建筑的密度、容积率是多少，建筑是多层、高层、小高层还是别墅，是自由式还是组团式。居住区的地形、地貌、周围的环境景观如何？与城市道路网的关系、日照和通风等都是需要考虑的设计因素，只有在合理满足使用功能的基础上，扬长避短，扬优避劣，才能设计出真正适合人居的环境。其次是居住区的硬质景观设计,场地中的硬质景观包括了地形的塑造、建筑形态方面的因素,以及场地环境中的其他构筑物。最后是场地中的软质景观设计,如树木、草地、水体等。只有充分发挥不同专业设计师的智慧与创造力,才能设计出充满生命活力的居住区景观。任何工程的设计步骤,都是一种工作程序和科学方法的运用,居住区设计理念的创新才是设计的真正灵魂。

（三）居住区景观形象的视觉化特征

居住区景观形象的视觉化特征主要体现在以下几个方面。

（1）城市中呈质地均匀的斑块组群,具视觉上的稳定性。住区开发不同于某一单幢建筑,它具有一定规模,在城市的斑块中以组群面貌呈现；住区开发又不同于其他商业、娱乐、学校等性质的建筑群,它旨在为人们创造一个温馨、宁静、放松而消除疲劳的环境氛围。因此,从城市景观形象的构成来说,住区形象通常表现为稳定、连续的界面组合,将视觉上的一些单元要素如符号、色彩、材质的组合等通过一定节律加以重复,在视觉上予人以稳定感。

图 2-1　居住区群

（2）成组成团的空间形态和布局方式（图 2-2）。住区设计依据其开发规模可以有多种不同的规划结构模式,如居住区—居住小区—居住组团模式、居住区—居住组团模式、居住小区—居住组团模式等,但无论何种模式,都摆脱不了集聚在一定的交通流线附近的成组成团的空间形态和布局方式,它们仿佛一片片"绿叶"被串联在等级各异的交通"支脉"上,这些成组成团的"绿叶"形成了住区中最基本的单位——相对私密的院落或组团式院落空间,为邻里交往提供了尺度亲切的半公共空间,提高了居民的领域感和安全感,同时也便于增强人们对"家"的识别性。

图2-2　成组成团的空间形态和布局方式

（3）"软""硬"穿插渗透的环境设计。近年来,市场对于住区环境景观设计的要求越来越高,人们从最初的"住得下"到"有合理的房住"直到今天"住得好"的要求,从对起码的"安身之所"要求到一个内部功能合理的"家"的要求进而转为对周边居住环境的"家园"的要求,体现了社会的进步、文明的进步,体现了全社会对人的尊严的觉醒和对人性关怀的呼唤。可见,买方市场迫使开发商转变思维——从一味追求高容积率获取高额利润转为以风格独特、温馨舒适的良好居住环境找卖点。20世纪80年代风行一时的"四菜一汤"式的若干组团环绕一块中心绿地的做法,大有被打着强调"均好性""让更多的住户享受更高质量的绿地景观"旗号的带状绿地做法所取代之势。在大量受人追捧的住区中,人们看到呈自由曲线形的带状绿地很随意地"流淌"着,与一幢幢钢筋混凝土铸成的住宅相互穿插渗透,绿草茵茵、花木掩映间带给每家每户一份宁静和清新(图2-3)。

图 2-3　相对私密的院落空间

除了在形态布局方面把握"软""硬"穿插渗透的大原则外，在住区环境设计中还体现出注重宁静氛围、可识别性和环境的公众参与性的营造。"宁静"是住区景观环境最基本的环境氛围，无论是绿化还是环境场地，包括景观形象、空间布局、材质选取都围绕着"宁静"氛围的营造而展开。每个住区在拥有"宁静"氛围的共性的同时还应拥有可识别性即差异性，一方面是一社区区别于其他住区的环境景观标志特征，有助于居民产生对家园的归属感和自豪感，另一方面是各个院落或组团入口处与众不同的环境空间、形态、植被、小品等的具体处理，有助于人们虽身处造型外观相似的住宅群中依然能很快识别回家的路线（图 2-4）。

图 2-4　入口道路线图处理加强了可识别性

住区中优美的环境，其观赏性还居其次，更重要的是为社区居民提供大量供交往、休闲、锻炼、活动及亲近自然的场所，即环境的公众参与性的营造，应根据不同活动人群、不同活动人数设置不同尺度和形式的活动场所,且在接近人们活动的范围内选用安全、亲切、较为原始的材质,如木材、水、低矮的绿植、鹅卵石等作造景材料。此外,住区中的小品、雕塑等往往身兼数职,具有较强的互动性,可谓是孩子们的好朋友。

(4)阴影丰富、尺度亲切、开放性强的建筑形象。住宅的建筑外观形象与其他类型建筑有着明显的差异,即阴影丰富、尺度亲切、开放性强,它是随着人们生活方式的逐步改变,导致住宅户型的逐步进化而外化的结果。现代家庭更注重能够拥有一个观赏室外景物的阳台(通常用玻璃封闭),该阳台与客厅组合在一起,又称"阳光室"(图2-5);对自然的向往要求建筑具有更大的开窗面积,使人能更方便与自然环境进行交流,低窗台的出现大大满足了人们的这种心理,而空调的普及使用为此提供了技术可能,与此同时,大量空调室外机与建筑外观一体化设计的难题又摆在了建筑师面前;原先住宅山墙的外观是常常遭到忽略的部分,而现在的住宅边单元往往被安排一些大户型,而山墙面通常结合外部环境设置客厅及观景阳台等,进退曲折极尽浓墨重彩之能事;邻里间的交往要求使住宅单体平面不再是"兵营式"而多了许多进退和围合。这一切便造就了住区单体阴影丰富、尺度亲切、开放性强的建筑形象。

图2-5 观景阳台

(5)以人为本、强调环境形象的交通组织方式。在近几年的住区实践中,可以看到人们为此所作出的种种努力——基于以人为本和强调环境形象原则的交通组织方式——完全人车分流模式和半人车分流模式已得到采用。人车分流模式即小区人行流线与机动车行流线分开,通常机动车有单独的出入口或一进小区就沿小区的外围通行,而人行流线伴着主要的景观轴逐层展开,步移景异,人性在这里得到了充分的尊重。这种交通模式虽然获得了广泛的好评,但在实践中发现,由于受人们所能忍受的步行距离的限制,完全人车分流仅适用于一定规模的住区,当规模逐步扩大时半人车分流更具可行性,即仅对该居住区实行局部的组团级人车分流(图2-6)。

图2-6 小区人车分流效果图

（四）居住区景观形象的空间营造

在现代城市生活中,人们除了日常工作中的协作之外,彼此之间缺乏广泛的交流。长此以往,这种现状对人的身心健康将产生不利的影响,现代居住区集居住、娱乐、休闲等多项功能于一体,为居民创造了更多的相互了解与沟通的机会。

1. 步行空间

对于步行空间的设计,首先要解决的是人、车分流问题,车行道要有足够的回旋余地。较长的路径可以延长人们的逗留时间,但更需重视感觉距离,富有创意和变化的路径会给人一种遐想。

路径的线性、宽窄、材料、装饰在赋予道路功能性的同时,和路径两侧的其他景与物构成居住区最基本的景观线,人们通过这条景观线去体验环境的美(图2-7)。

图2-7 道路与景观小品的结合

2. 廊道空间

廊道是可通过的围合边界,通常可以作为建筑的延伸,同时又是相对独立的构筑物。廊道空间可以作为模糊空间,是一个内外交接的过渡区域,建筑的实体感被削弱,空间显示出整体独立性和多义性。它是一种能够有效促进人们日常生活交往的空间形式,具有流动性和渗透性。它既是交通空间,又可以作为休闲空间,具有不确定性(图2-8)。

图2-8 小区廊道

3. 院落空间

　　根据住宅区的规划要求,建筑与建筑之间都会有大小不一的院落空间,而根据居住区院落的性质不同,院落空间又分为专用庭院和公共庭院两类。专用庭院是指设计在一层住户前面或别墅外面供私家专用的院落。专用庭院利用首层与地面相连的重要特征提供了接触自然、进行户外活动的私人场所空间,也成为保护首层住户私生活的缓冲地带(图2-9)。现代住宅区的公共庭院属于一个组团居民的共用空间,相对于组团内的住宅而言,它是外部空间,相对于整片居住区来讲,它又是内部空间,和城市中的开敞公共空间是有区别的。

图2-9　专用庭院

　　居住区公共院落不仅能促进户外与户内生活的互动,而且院落空间强化了归属感和领域感,可以形成组团的内聚力,维护邻里关系的和谐。院落空间具有多元化的功能,它可以满足不同年龄层次人的不同行为方式的需要,成为居民休闲、娱乐、活动、交流、聚居的主要场所。

4. 多层次的景观结构

　　居住区景观向内部围合成具有安全感、尺度适宜的内部生活交往空间;同时可向外借景,将城市良好的自然景观引入到居住区的景观中,形成丰富开阔的景观层次。

二、城市滨水区

（一）我国城市滨水景观现状分析

近年来,随着我国经济的发展,城市建设步伐的加快,造成了生态环境的严重破坏,再加上我国在城市生态研究上起步较晚,城市生态建设较为薄弱。突出表现在城市河流流域的生态质量降低,城市水陆生态失衡,主要表现在以下方面。

1. 河流生态资源破坏严重

有的城市将工业、生活废水直接排入城市河流,引起河水富营养化和重金属污染等,严重破坏了动植物赖以生存的水环境,大大降低了城市生态的质量。由于城市用地盲目拓展与人们生态意识淡薄,河流周边的水系有许多被另辟他用,其中尤以内河湿地的减少最为突出。这直接影响到河流发挥生态效应的能力。在水体遭到污染、环境遭到破坏之后,滨水植物群落所赖以栖息的环境场所不复存在,直接威胁到河流生物资源的稳定。另外,城市的大规模无序建设也间接地影响了原来稳定的生态平衡。

2. 城市滨水生态用地缺乏

随着城市河流景观价值的挖掘,城市滨河土地开发的强度虽不断加大,但却主要追求眼前的经济效益,以居住和商业办公开发为主,很少有真正从保护城市生态结构和河流生态角度出发而设置的生态绿地。最终导致城市河流两岸的地表硬质化程度很高,实际生态效能却很低,从而更加剧了河流生态质量的下降。

3. 河流整治的生态化考虑不足

近年来,我国许多城市开展了城市河流治理工作,但未能从河流自然生态过程考虑,制定相应的整治措施。河流治理的技术手段和生态科学性研究较落后,从而并未能对改善河流生态发挥真正作用。另外,城市滨水绿地系统建设也缺乏生态设计,在植被的适应性、层次性、多样性等方面都缺乏整体性考虑。

（二）滨水区景观形象设计要领

1. 尽量突出特色魅力

河流的魅力可以分为两个方面，即河流本身及其滨水区特征所具有的魅力，以及与河流的亲水活动所产生的魅力。从河流滨水的构成要素来看，这些魅力主要包括了河流的分流和汇合点，河中的岛屿、沙洲，富有变化的河岸线和河流两岸的开放空间（图2-10），河流从上游到下游沿岸营造出的丰富的自然景观，还有河中生动有趣的倒影。沿河滨水区所构筑的建筑物、文物古迹、街道景观以及传统文化，都显现出历史文化和民俗风情所具有的魅力（图2-11）。河水孕育了万物，是生命的源泉，充满活力的水中动物表现出生命的魅力。河流滋润了河中及两岸滨水的绿色植物，不同的树木和水生植物表现出丰富的美感，营造出无限的自然风光，是河流滨水区最具魅力的关键要素。当人类在滨水区从事生产、生活、休闲娱乐时，滨水区的魅力从人们愉悦的表情中充分体现出来；人们那种愉悦的表情，各种活动的本身和其他魅力要素构成了滨水带场所精神的全部，也是人们感受到河流魅力的重要原因。

图2-10　呼和浩特赛罕区小黑河城市滨水景观设计

图2-11 西塘水乡风貌

2.对滨水区所具有的价值进行重新评价

城市中的大多数滨水区不仅有着丰富的自然资源,具有优美怡人的景观环境,而且成为市民向往的休闲娱乐场所,它与周边的自然环境、街道景观、建筑物构成有机的整体,并对当地的文化、风土人情的形成产生重大影响。因此,我们需要对滨水区所具有的价值进行重新评价,这对具有多种功能的滨水区用地结构的规划和更新有着重要的现实意义。

3.滨水景观设计要突出人文特色

当今科学技术和信息化技术影响到人类社会生产生活的方方面面,它给人类社会带来的进步与发展有目共睹;但科学技术与信息技术全球化的结果却大大推进了场所的均质化,均质化的象征就是"标准化""基准化""效率化"作为城市整顿建设的目标,千城一面成为市民对我国城市建设的善意评价,城市化的进程使得人类正在遮掩体现生命力的痕迹。

在全球化的今天,学术界谈论最多的是民族性、地域性和个性化,作为城市环境的个性特色,它包含了自然景观的特色,历史的个性,人为形成的个性,这些个性特色是构成滨水区景观特色的要素。例如:南京秦淮河滨水区石头城公园(图2-12),是秦淮河滨水区的其中一段,沿河一侧环绕着具有几百年历史的明城墙,这些遗迹充分展现了历史的特色与价值,而由特殊的地形地貌所形成的人脸造型又赋予了滨水区更多的传奇故事和人们的想象,形成一种特有的景观特色。如何将滨水环境特色反映在景观的规划设计中,是设计师需要研究的重点之一。

图2-12　南京石头城公园

（三）滨水景观形象生态化设计

1. 滨水景观形象生态化设计的方法

（1）生态化设计的工作方法。主要是针对规划设计红线内,场地基本认知的描述,一般采用麦克哈格的"千层饼"模式,以垂直分层的方法,从所掌握的文字、数据、图纸等技术资料中,提炼出有价值的分类信息。具体的技术手段包括:历史资料与气象、水文地质及人文社会经济统计资料;应用地理信息系统（GIS）,建立景观数字化表达系统,包括地形、地物、水文、植被、土地利用状况等;现场考察和体验的文字描述和照片图像资料。

（2）过程分析。这是生态化设计中比较关键的一环。在城市河流景观设计中,主要关注的是与河流城市段流域系统的各种生态服务功能,大体包括:非生物自然过程,有水文过程、洪水过程等;生物过程,有生物的栖息过程、水平空间运动过程等;与区域生物多样性保护有关的过程;人文过程,有场地的城市扩张、文化和演变历史、遗产与文化景观体验、视觉感知、市民日常通勤及游憩等过程。过程分析为河流景观生态策略的制定打下了科学基础,明确了问题研究的方向。

（3）现状评价。以过程分析的成果为标准,对场地生态系统服务功能的状况进行评价,研究现状景观的成因,及对于景观生态安全格局的利害关系。评价结果给景观改造方案的提出提供了直接依据。

（4）模式比选。生态化设计方案的取得不是一个简单直接的过程。针对现状景观评价结果,首先要建立一个利于景观生态安全,又能促进城市向既定方向发展的景观格局。在当前城市河流生态基础普遍薄弱,而且面临诸多挑战的前提下,要实现城河双赢的局面,就要求在设计上应采取多种模式比选的工作方式,衡量各方面利弊因素。

（5）景观评估。在多方案模式比选的基础上,以城市河流的自然、生物和人文三大过程为条件,对各方案的景观影响程度进行评估。评估的目的是便于在景观决策时,选择与开发计划相适应的模式比选的工作方式,这可以为最终的方案设计树立框架。

（6）景观策略。在项目设计中,则根据前期模式限定性条件,提出针对具体问题的景观策略和措施,由此可以最终形成实施性的完整方案。

以上六步工作方法是渐进式的推理过程;其中每一步骤的完成都能产生阶段化的成果,即使没有最终的实施策略,之前的阶段成果也能为城市河流景观的生态化战略提供有指导性的建议。

2. 滨水绿地设计

城市滨水绿地的景物构成和自然滨水绿地之间存在着共同之处。但是,城市滨水绿地并不是对自然的滨水绿地进行的不合理模拟。对于现代城市滨水绿地的景观来说,就仅对其构成的要素而言,除了构成滨水景观的多种因素如水面、河床、护岸物质之外,还包括了人的活动及其感受等主观性因素。

城市段的滨水绿地形式比较多,应依据其具体的情况对其要素进行合理的布置,下面以临近市区或市区内比较安静的滨水绿地为例加以论述。

这种滨水绿地的面积通常较大,居民在日常生活中利用也较多,它能为居民提供散步、健身等多种文化休闲娱乐功能。这类滨水绿地的构成要素有草坪广场、乔灌木、座椅、亲水平台、小亭子、洗手间、饮水处、踏步、坡道、小卖店、食堂等。在绿地要素的配置上还要注意下列的问题。

（1）应让堤防背水面的踏步和堤内侧的生活道路相互衔接。

（2）散步道的设计要有效地利用堤防岸边侧乔木的树荫,设计成曲折、蜿蜒状。同时,在景观效果相对较好的地方设置适当的间隔来安置座椅。

（3）设计防止游人跌落水中的措施。

（4）在低水护岸部位以及接近水面的地方设置亲水平台,以满足游人亲近水面的需求。

（5）应尽可能地让堤防迎水面的缓斜坡护岸在坡度上有一定的变化,并铺植一些草坪。以防景观太过于单调,并适当地增加一些使用功能（图2-13）。

图2-13 滨水绿地设计效果图

3.城市滨水驳岸生态化设计

人类各种无休止的建造活动,造成自然环境的大量破坏。人们更加关注的是,经济的增长和技术的进步。然而,当事物的基本形态有所改变时,人们的价值观也会发生变化。为了保护生存环境,我们应该抛弃所谓的"完美主义",对人为的建造应控制在最低限度内,对人为改造的地方应设法在生态环境上进行补偿设计,使滨水自然景观设计理念真正运用在设计实践中。

建设自然型城市的理念落实在城市滨水区的建设中,对河道驳岸的设计处理十分重要。为了保证河流的自然生态,在护岸设计上的具体措施如下。

(1)植栽的护岸作用。利用植栽护岸施工,称为"生物学河川施工法"。在河床较浅、水流较缓的河岸,可以种植一些水生植物,在岸边可以多种柳树。这种植物不仅可以起到巩固泥沙的作用,而且树木长大后,在岸边形成蔽日的树荫,可以控制水草的过度繁茂生长和减缓水温的上升,为鱼类的生长和繁殖创造良好的自然条件(图2-14)。

图2-14 植栽护岸

(2)石材的护岸作用。城市滨水河流一般处于人口较密集的地段,对河流水位的控制及堤岸的安全性考虑十分重要。因此,采用石材和混凝土护岸是当前较为常用的施工方法。这种方法既有它的优点,也有它的缺陷,因此在这样的护岸施工中,应采取各种相应的措施,如栽种野草,以淡化人工构造物的生硬感。对石砌护岸表面,有意识地做出凹凸,这样的肌理给人以亲切感,砌石的进出,可以消除人工构造物特有的棱角。在水流不是很湍急的流域,可以采用干砌石护岸,这样可以给一些植物和动物留有生存的栖息地(图2-15)。

图 2-15　人工驳岸

三、CBD 地区

（一）CBD 地区的概述

CBD 为英文 Central Bussiness District 的缩写，即中心商务区或称中央商务区，通常指"大城市中金融、贸易、信息和商务活动高度集中，并附有购物、文娱、服务等配套设施的城市综合经济活动的核心地区"，纽约的曼哈顿、巴黎的拉·德方斯、东京的新宿、上海的陆家嘴、北京朝阳、香港的中环等均为国际著名的CBD。这些地区在形态及内容上具有一些共同的特征。

（1）中心商务区通常设置在公认的国际大都市的黄金地段，地价昂贵，是所在城市的精华集中地，代表着该座城市的公共形象。

（2）是城市的经济、科技、文化的汇集地，发挥着城市的核心功能。这里通常云集了大量的金融、贸易、文化、商务办公及高档酒店、公寓、服务等设施，吸引着大批国际著名的跨国公司、金融机构、企业、财团来此开展各种商务活动、设立总部或分支机构。

（3）规模巨大，建筑密度高，容积率高。多功能综合性的现代化中心商务区，规模通常在 3 ~ 5km²，建筑量至少在四五百万平方米以上,甚至上千万平方米,其中约50%为写字楼,商业设施及酒店、公寓各占20%,其余为各种配套设施。

（4）交通便捷,人口流动量巨大。

（二）CBD地区景观形象的视觉设计

CBD地区在其城市景观形象上呈现出许多共同的视觉特征,因此在设计时主要注意以下几个方面。

（1）通常CBD所处地段为城市的黄金地段,地价极为昂贵,建筑密度和容积率偏高,致使建筑物向高空发展,形成城市空间尺度巨大、高楼林立的景象——令人瞩目的"城市屋脊",从而丰富了城市的天际线,为其增添了一道亮丽的风景,同时构成城市标志性群落或称"地标群",强化了城市意象(图2-16)。

图2-16　北京CBD中心区夜景

（2）建筑通常以单体时尚、前卫为主,且将新观念、新技术、新材料融进设计中(图2-17)。CBD地区作为城市综合经济活动的核心,高度集中了大城市中金融、贸易、信息和商务等各类活动,是各地区和国家参与国际大家庭经济、文化、贸易等各项活动的窗口和纽带,这就决定了这里所有的建筑均需向世界表达一种开放和包容的姿态,一种勇于接纳一切新思维、新观念的气概。

图 2-17　北京银河 SOHO 办公室

CBD 中的建筑单体也同 CBD 总体规划一样,常采用国际竞标的方式决定其最终方案,加之这些项目往往由政府或国际大财团斥巨资建设开发,因此导致其建筑单体风格呈现出明显的国际化倾向,而地域文化特色相对隐退;建筑形式往往融合着最高新技术的理念,建筑的外装修材料总是为最新科技产品所占领,建筑的色彩与其高度综合的功能相匹配——闪烁着理智和中性的光辉;名师的设计、高新工艺、技术的运用赋予大多数 CBD 建筑在城市空间中适宜而别具匠心的视觉形象,其中总有若干幢成为 CBD "地标群"中的标志性建筑——城市地标(图 2-18)。CBD 地区功能的有效发挥及城市活力的持续追逐均依赖于其功能的多元化及建筑形态的高度集成,这也决定了建筑单体功能定位必然向城市综合体方向发展和演化。

图 2-18　上海 CBD "地标群"

(3)街道断面多呈狭窄的长矩形。由于用地紧张及建筑单体多为高层建筑,CBD 街道空间常常表现为类似"一线天"的狭窄长矩形的断面形式,常令行走其间的人产生封闭和压抑感。日本建筑师芦原义信就外部空间街道尺度曾提出一组很有价值的参考数据。[①] 这一理论再次印证了 CBD 街道尺度非人性化的客观存在。

（4）城市空间体界面需要连续完整。城市密度高是 CBD 地区一大主要特征,其街道空间界面由一座座建筑实体的裙房共同围合而成,通常为连续完整界面围合成的线性空间,裙房之间通过地面或地下的人行步道系统完成最紧密高效的相互联系。通过对近人部位的裙房及街道公共空间尺度的把握、细部的刻画及绿化的引入等方式,为人们贴身打造了人性化的交往场所和活动空间,塑造了正面的城市意象。

（5）多渠道人性化设计对城市"巨构"空间的调适。一座充满活力和魅力的 CBD 必须同时把握两大基本原则——高效原则和以人为本的原则。成功的 CBD 地区并非是匀质高密度状态,而是疏密有致、疏密组合生长的。当今国际中心城市纷纷推出与其商务中心功能相呼应的新兴产业区——RBD,则充分体现了以人为本的原则。它将休闲娱乐、科普博览、主题旅游、精品购物等各类项目加以整合,形成与商务相结合的休闲产业,从而创造出现代都市新亮点。RBD 的分布总是与大规模的中心绿地、公园、滨江（海）大道等联系在一起,这里除了有完善而人性化的休闲配套服务,更有钢筋混凝土所无法提供的鸟语、花香、湿润的海风,造型别致、尺度宜人、手感亲切的各种环境设施总是会在人们最需要它的时候默默地出现,让人体会无尽的逍遥、自在和放松。这一切有力地调适了基于高效原则所产生的城市"巨构"空间造成的非人性化影响。在一些国际大都市的 CBD 中,已能看到 RBD 的

---

① 街道的宽度与两侧建筑的高度比值 $d/h=1$ 时,存在某种匀称感;当 $d/h<1$ 时,随比值减小,两侧建筑就易相互干扰,甚至产生封闭、恐怖感;当 $d/h>1$ 时,随比值增大,两侧建筑呈游离状,使街道显得空旷、萧条;而 $d/h=1.5\sim2$ 时,空间尺度是比较亲切的,人漫步其中会产生愉快感,这也是我们在商业步行街中最常感受到的尺度。

影子,"休憩产业区"已成为中央商务区的有机补充。如纽约的曼哈顿南区、东京的银座、多伦多的伊顿中心、香港的中环等,RBD与金融贸易中心同步成长,并且成为闻名全球的观光产业区。

（6）要拥有高度发达的立体交通系统（图 2-19）。便捷高效的交通体系是 CBD 地区高速运转的基础保障。许多城市 CBD 如拉·德方斯和香港中环甚至还采取了完全人车分流的交通方式,城市高架和过街天桥、地铁隧道、轻轨等成为 CBD 视景要素中不可或缺的一员;完善的城市信息导向系统也是高效交通的必要组成部分,同时它也体现了现代文明对人性的关怀,这些路面上的各色醒目标示箭头以及色彩缤纷、形态各异兼有城市公共艺术身份的指示标志,不仅有助于帮助所有初来乍到的人们快速建立对该地区的信任、友好的态度,并帮助其迅速恢复自信、良好的自我感觉,以应对即将面对的各项事务,同时也为中心商贸区交织了一曲轻松欢快的浪漫曲,成为又一道别具特色的都市风景。

图 2-19　北京 CBD 交通系统

四、商业步行街

（一）步行街概念的界定

现代意义上的步行街从产生到发展不过只有短短几十年的时间,目前学术界对步行街提出相关的如下概念:

（1）游憩商业区:主要是指以吸引游客和市民为主的特定商

业区(图2-20)。

（2）商业区中心：是以一个步行街、某个区段为特征的，由单一的结构变成包容一到两个广场的综合体建筑群和由人行道、高架人行道、升降梯、地下购物中心组成的场所(图2-21)。

（3）购物中心：一般指综合性强、内容多、规模大的以步行为特征的购物环境，由一系列零售商店、超级市场组织在一组建筑群内。

（4）步行街：城市中以步行购物者为主要对象，充分考虑步行购物者的地位、心理和尺度而设计建设的具有一定文化内涵的街区称为步行商业街区，简称步行街(图2-22)。

图2-20　北京王府井商业步行街

图2-21　南京新街口商业区

从城市发展的历史进程来看，多数步行街都是在城市中心区或老城区商业街的基础上改造而来，但在城市新区的建设中，也规划设计了具有现代气息的步行商业街。传统意义上的步行街与现代一般购物中心或商业区的本质区别在于,步行街一般是由旧城区的商业中心发展而来,它不仅是商业空间,更重要的意义在于它的历史文化价值。

图 2-22　天津新意步行街

步行街环境设计包括很多方面,主要包括视觉上的物质空间形态和意识上的文化形态,有形的空间形态是步行街承担购物、休闲、旅游等活动的形态环境,是为人们所参与感知和改造的物质要素。物质要素主要包括了步行街的空间格局、建筑造型、店面装饰、街道家具、景观小品、广告与标志等。而文化形态环境主要是指步行街环境中所包含的人文精神要素,它包括人们的生活结构、生活方式、价值观念、风俗习惯、审美情趣等。

（二）商业步行街的景观形象视觉特征

商业步行街作为最富有活力的街道开放空间,已经成为城市景观形象视觉设计中最基本的构成要素之一,其通常具备下列景观形象视觉特征。

成功的商业步行街总有着许许多多的出入口与周边城市道路或街区相连通,除了主要入口作重点处理、空间尺度大一些外,其余入口均不会很大,且在这些出入口附近都会设置一些停车场,保证了商业步行街拥有极为便捷的可达性和易达性,街上的行人往往在不经意间便已"流入"了这一空间。

对入口的处理,每个商业步行街都有一至两个主要出入口,而这些入口往往被处理成一个个尺度亲切而精致的街头小型休闲广场的形式,以吸引人流在此停留,同时借助广场的铺地、绿化、路灯、小品、指示牌及空间界面等形成强烈的视觉轴线和导向暗示,将大量人流引入商业步行街中。尽管商业步行街中的店面都不是很大,但几乎每一间商店的入口门头都经过精心的设计。此外,大大小小、效果强烈而富有刺激的商业广告闯入人们的视线,且往往色彩鲜明、联想丰富,起到了刺激人的视觉效果。

商业步行街在设计上有着亲切的尺度空间,这些空间主要是由构成街道空间的两侧建筑物连续的立面围合,以及大量二次空间的存在作为补充所共同构成的。① 商业街连续的界面,使得"商气"不断,而事实上这些建筑物连续的面大多呈"虚"象(多为开敞的门和窗),其连续的实体空间感大量依靠"非建筑实体元素"进行补充和加强;此外,为了振兴零售业,恢复城市中心区的活力,许多过去通行机动车的商业街都被封闭为商业步行街,但由于原先的道路太宽且一眼看到底,街道就显得空旷冷清缺少人气,缺少让人逗留的场所,缺乏满足人们猎奇的空间悬念,不能满足商业步行街的现实功能要求,如将两侧已经形成的建筑实体推倒重来,则牵涉面太广,且代价太大,缺乏可操作性。而最行之有效的办法就是大量运用街道中的二次空间,创造多层次复合型人性化的商业氛围,这也是众多商业步行街改造的成功经验。

成功的商业步行街对于人性化的路面铺装从来都是不遗余力的,一般均采用与步行街风格一致的色彩和材质,同时利用不同图案、材质的变化,配合不同功能区段的划分,组织和加强空间的限定及导向;亲切的商业步行街氛围的营造,其地面铺装材质的选择并不在于其价格的昂贵或材质的时尚和华美,只要尺度和风格适宜,遵循价格低廉、表面原始、就地取材的原则往往更容易使人获得对地域文化的认同感和亲切感,增强其地方特色。

---

① 这里,二次空间是指由商业步行街中的非建筑实体元素所限定的空间,如花台、行道树、路灯、休息座、喷水池、休息廊以及附属在建筑外墙的骑廊、不同色彩材质的地面铺装、横跨街道的灯栅、广告条幅等限定的空间均为二次空间。

商业步行街由于受租金昂贵的影响,且因其多以零售业为主,因此其店铺多呈狭长的矩形平面,在建筑立面上表现为一小间店面紧挨着一小间店面。由于同类经营品种的相对集中会使购物者具有更大的挑选余地,从而吸引更多共同的顾客群并产生更多商机,因此商业步行街中多呈小开间密集型店面及同类经营品种集聚的视景特征。小开间密集型店面又导致了店招纷纷外挑、呈密不透风且高低错落的景象,有的甚至利用跨街横幅预示店招,形成商业步行街的又一道风景。

成功的商业步行街中的一切都给人以舒适亲切感,即通常人们所说的"顺眼"。仔细观察,人们会发现——这里的所有设施包括交通指示系统从材质到风格乃至细部均与整个街区的建筑风格一脉相承,从而加强了整个商业街区空间的整体感和品位,突出了商业步行街的地域特征,强化了其城市意象,给所有来过此地的人们留下强烈而深刻的印象。

(三)步行街景观形象设计的思路与方法

1. 风格设计

有主题或传统风格、地域性风格较为突出的步行街环境的识别性较强,容易形成清晰的环境意象,从而使人们产生较强的归属感和场所感。对于步行街风格的延续主要有外在形式的模仿和对形态的抽象表现两种方法。

模仿是将步行街中固有的建筑形式特征直接运用到新的形态设计中,模仿的方法对于历史步行街区的改造很有用处,对建筑的形态、空间布局、细部装饰等的模仿,可以延续街道建筑的整体风格。当然,完全模仿是不可能的,著名建筑师贝聿铭先生说过"我注意的是如何利用现代的建筑材料来表达传统,并使传统的东西赋予时代的意义"(图2-23)。

抽象也是现代步行街建设改造中常用的手法,在抽象形式上可以采用形象抽象和空间抽象。形象抽象往往表现为一种概括的象征符号,通过这些符号唤起市民对街道传统特征的记忆,把历时性的特征用共时性的形式表现出来。空间抽象是通过对空间组织的抽象来体现街道的传统特征,意在延续街道的空间组织原则而非形式。

图 2-23 苏州博物馆

2. 形态延续

形态延续主要是从视觉上要求新形象与旧形象形成统一的整体,任何微观形态上的不协调都会影响到改造后的步行街环境上的文化品位。另外,还要保持几何关系的相似性,如建筑的高度、体量、立面以及轮廓的相似性,以保证步行街整体环境的视觉连续性和整体效果,这是保证步行街形态统一协调的基础。

多数步行街都是在原来结构的基础上发展起来的,原来的结构是步行街空间依附的骨架,也是街区生活的血脉。步行街结构分为表层结构和深层结构,表层结构包括步行街建筑的组合模式与开放空间的组合模式等;深层结构是指步行街的环境意向,主要包括环境中所寄托着市民情感的、具有场所性的记忆空间以及标志性的物体(图 2-24)。所以,在环境改造中,新的设施的加入要与原来的结构相联系,以达到步行街表层和深层结构的延续。

3. 色彩延续

城市步行街的色彩在历史中形成了连续性的特点,保持了街道总体视觉效果的统一性与完整性。当新建建筑介入老建筑群时,要注意新建筑与原环境之间的色彩关系,照顾到相邻色彩间的协调和主次关系。不同地域和历史条件下形成的街区,给人的感受是相对既定的,由此,人们在步行街中接受色彩信息的方式,如视觉距离、视野范围等具有了相对的既定模式。作为一个有效的视觉语言,步行街色彩的整体协调性有十分重要的意义,对于改造后步行街景观特征的形成非常必要。城市步行街的发展伴随着不同时代而发展,不同的历史时代又会给步行街打上时代的印记。不同年代、不同功能的设施决定了各自色彩的不同,因此,步行街在整体色彩上要突出重点,层次关系明确,使整个步行街景观色彩有张有弛、节奏分明,充分体现步行街色彩的层次性和丰富性。

图 2-24　历史符号的运用

4. 空间尺度

城市中传统步行街的形制是生活在其中的人们经过世代与环境的磨合而生成的。街道中建筑的体量和空间尺度形成了街道的整体关系,在环境风格的形成上起了重要的作用。通过步行街的空间尺度,可以反映出当地市民的日常生活与休闲方式,充分表现街道的人文和美学内涵。

5. 材质关联

城市街道的连续界面或形体中连续出现相同或相似的材质,在视觉上给人们一种连续性;步行街区功能的多样性导致街道界面材质构成的繁杂性。一般来说,在步行街的建设改造中,应该首先保持街道两侧建筑立面材质的一致性,新介入的建筑要运用相同或相近材质和色彩的材料,这样可以保证建筑立面形成统一质感的肌理。其次,步行街铺地的材质也需和整体环境协调统一,铺地材料的选择如果种类、色彩过多,组合形式繁杂,往往导致整体形象混乱,破坏了步行街的整体感。

6. 生活方式

步行街文脉连续的根本出发点在于促进城市生活的延续,有的城市步行街在改造中只注重了街区空间本身文脉的延续,而忽视了城市生活方式的延续。步行街是一个城市文化的集中体现,以传统文化为代表的街道一般都有自己悠久的历史和文化。比如:吴文化、老北京文化、楚文化、岭南文化影响下的步行街都表现出不同的文化特征。步行街的建设应充分尊重该步行街文化生存的规律,尊重当地人的生活习惯、生活方式和审美意识,从深层次来理解步行街环境设计与文化生存之间的关系。

对于步行街来说,如何处理好传统文化与现代生活的关系是步行街改造需要关注的问题。因此,对人们生活影响深远的生活方式要注重保留,用一定的空间和场所延续这些有意义的生活内容。对于与步行街有关的生活场景用景观的方式记录下来。是一种延续文脉的有效方式。对人们产生较大影响的生活方式或生活情境可以用环境小品的形式表现出来,从而增强人们的场所精神,延续步行街的历时性文脉(图2-25)。步行街环境通过历史变迁而逐渐形成一种文化氛围,这种文化氛围凝结着步行街空间的场所精神,而延续这种无法用语言表达的街区场所精神对于步行街文脉的传承具有积极的意义。

7. 传统活动

在传统步行街中,尤其是遇到我国传统节日,步行街就成为展示民俗传统文化的聚集地。各种传统文化活动在此地的举行,更容易得到市民的认同,这些活动对于凝聚步行街的人气、文气,活跃商业气氛,营造生活氛围有着积极的作用。

图 2-25　传统生活场景的表现

　　天津老城厢步行街是具有 600 多年历史的老街,是天津历史文化遗产的重要组成部分,建筑以四合套为主,街巷纵横交错,分布着文庙、鼓楼、会馆等著名传统建筑,作为市民重要的民俗文化场所,天津的许多传统诸如婚丧嫁娶、年节庆典等活动仪式都是在老城厢的环境中传承下来的(图 2-26)。西藏拉萨市的八廓街,两边商店林立,但一年到头都有川流不息前来朝圣转经的信徒,他们手持转经筒,周而复始地行走在这条街道上(图 2-27)。

图 2-26　天津老城厢步行街

　　8. 社会结构

　　社会结构是城市文脉结构的重要组成部分.也是步行街区文脉的根本要素。延续原有的城市结构对步行街的环境设计尤为关键。生活在步行街周围的市民,与周围人群或步行街的物质环境结成了亲密的社会网络,步行街文脉性设计的本质之一是支持和培养市民的社会网络。因此,要把与步行街环境有关的市民社会生活通过空间的形式表现出来。

图 2-27 西藏拉萨市的八廓街

对于城市步行街来说，文脉在构成层次上表现为显性和隐性，显性文脉在步行街的环境中表现为地域性、场所性；隐性文脉在发展中表现为传承性和变异性。文脉的地域性和场所性决定了城市步行街环境改造要遵循系统性原则、保护与开发原则，文脉的传承性和变异性要求步行街在改造中要坚持传统与现代结合的原则。而审美和多样性既是步行街空间要素发展的依据，又受时间要素发展的制约。因此，总结出基于文脉的步行街景观设计方法，才能实现步行街横向和纵向文脉的延续。

第三节 城市景观形象设计的实践探索

一、居住小区景观形象设计实例分析

（一）杭州"庭院深深"住宅小区设计分析

杭州"庭院深深"住宅小区位于杭州市西郊，占地面积6万 m^2，原地形特征比较丰富，以低缓的丘陵坡地为主，并有两片小山丘，建筑规划在地块上共布置了十余幢高层，配以少量多层住宅以及公共设施。

1. 设计理念和功能分区

设计者将其定位为具有江南传统风韵的新住区景观,但坚决反对简单地套用传统或照搬经典。该设计要在广泛借鉴传统园林和江南水乡等优秀造景原理的同时参照现状条件进行梳理整合并有所创新。

由于地形比较复杂,前期的规划造成了不少的高差地形,给景观设计带来了很多难度。所以,在前期设计中首先要面对的问题是:如何在遵循场地特征的同时结合建筑规划结构构建出最佳的景观格局以使环境得到充分的优化?如何充分应对地形系统复杂的情况以及整合原生植物、地形坡向等和规划道路场地的分割状态?这些都需要在具体的景观设计中去解决。

景观设计在讲究私密性的同时也讲求疏朗的公共空间,在主入口和公共性较强的一些地方,设计加入了较大尺度的石铺广场、适合阳光浴的大草坡、明净疏朗的水面平台等等,比较适合人群的活动,如小群体跳舞、打羽毛球、喝茶聊天等,可满足对住区娱乐和交往功能的需要;在住区最西面的宅间绿地内,由于这里车行量较少,设计布置了较大面积的儿童活动场地,这里安静安全;在原有几个生态山地的基础上,设计改造为山地活动区,可进行如慢跑、爬山、太极、喝茶、对弈等健身活动,形成了本小区的特色景观。山地景观也因其较好的地形起到了对外部城市道路噪声和粉尘的隔绝作用,形成了屏障绿化带(图 2-28)。

图 2-28　总平面图

2. 山水空间骨架的构建

该小区属高层住宅小区,也要考虑高楼俯瞰效果。高层围合的场地也利用了山地的层次打破了地面的单调和压抑感,丰富了楼宇间的俯瞰效果和视觉层次,使得立体山水景观贴切于高层住居的空间状态,绿色的亲切感从通常的一二层楼蔓延至五六层的高度,使得在较高的住宅内也可有极佳的自然感受和立体的观赏视野,极大地拓展了户内的观景价值。楼层交错,曲径通幽,"嘉则收之,俗则屏之",令人烦躁的高层硬质界面终于变得温和并富有生机起来(图2-29)。

对于环境的各处形态控制,起、承、转、合等设计手法都是必要的。所以在设计中尤其要注重对这些关键点的营造,使其串起整个脉络而不使之散乱无序。对于视觉对景、空间焦点等的控制尤为重要,结合关键构筑以作点睛之物,而不是相互独立和凌乱。以少胜多、少费多用也具有特殊价值。充分结合建筑规划的前提关系,景观与园路巧妙结合,盘折透迤,逐渐展开,以期获得"庭院深深"之主题以及"通幽"之意。在重要的转折点和对景点上均精心布置,塑造意味不尽的空间形态(图2-30)。入口绿地形态狭长,设计者在主入口的水系之后继续以曲水作为线索组织空间脉络,并贯连游步道,借灌丛、石桥等体现出些许大中做小的意味。经过主景草坪时,借高层楼间的强烈对比达到疏朗的效果,发挥场地的优势以获得独特的空间意境(图2-31)。

图2-29 小区绿化　　图2-30 登山小道

图 2-31　入口的水景

在本案设计中,强调有一定的透景线,强调若干通透的视野轴线,在林立的高层板楼之间追求某些俯瞰与邻视视线的通透性,重视景点之间的视觉联系,比如园区内两个最高山头之间各自坐落一亭一廊,辉映成趣,化解了规划层面上各自为政的孤立感。同时利用构筑一物、植物、山体掩映重要视线,以衬"不尽之境"之致(图 2-32)。

图 2-32　山脚的廊架点景

3. 对于意境美学的细部设计

本案设计重视"形"与"意"之间的关联,"形"有限而"意"无尽,意即是意境、意味。古代文人对于安排一石一木,都寄托了浓郁的感情。在本案设计中,根据诗词的意境赋予各组团内景点的氛围,山体景点也以主题的形式展现,合理地运用传统文化中的范式和符号,配置与情景相融的小品石雕,亭廊架也缀以楹联,小中见大,达到点题的作用,不失时机地营造浓郁的居住氛围以及对更多审美感受的共鸣。

在本案中,由于地形复杂,竖向设计需作较多的考虑,挡墙和驳岸解决了高差问题,但是成为了空间的消极界面,必须对其进行推敲。其中,根据地形高差设计了硬质条石挡墙,采用的是水乡古镇中"河埠头"的砌筑方式,既便于地形塑造,又构成了黄馨种植的梯级绿瀑,最后形成了与建筑立面相互对照的户外景观,比对明朗而丰富。在水岸交接处理时,驳岸、草坡、卵石浅滩、水生植物自然结合,体现了自然意趣(图2-33)。

图2-33 梯级挡土墙形成的绿瀑景观

入口广场的效果,设计师以自然切割形的石板铺地、树池阵构筑了一个舒适的休憩停留空间,正面以片石墙加以诗文点题,加之以卵石槽、溢水陶皿、潺潺涌泉、弧形小石桥为细节元素,这些元素均是从传统中提炼出的,但其构成的形式关系却是简洁的,材料的选择亦朴素大方。六棵在当地苗圃精挑细选的大广玉兰守望着既风雅又恬静的入口景观,使得这个入口空间虽以硬质铺装和小品为主,但仍然生机勃勃(图2-34)。

(二)居住区私人庭院设计实例

如图2-35所示,设计呈现的是新古典主义形式,凸显典雅大气的气质,花园的设计首先突出建筑主要性格特征,同时体现简约、明快及温馨的庭院生活氛围,花园的风格与建筑形式之间形成统一感。

图 2-34　休憩景观

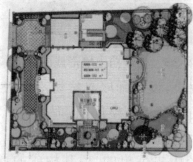

图 2-35

　　花园用大面积的草坪作为室外景观,考虑了室内外之间的相互对应关系,保证了整体大气、简约的设计风格在室内外之间的衔接与过渡;首先在视线上大面积的草坪为室外空间提供了欣赏建筑本身的场地空间,并保证厚重的建筑形式不至于对人产生压抑感,设计充分地考虑了场地空间中建筑与庭院的视线关系。花园内边界空间造型采用圆形作为主题元素,通过这种手法与建筑的风格相协调,增强总体环境的统一感,并通过不同的装饰材质来围合不同的空间区域,这样在视觉上给人以富于变化的统一感,同时也丰富了花园空间的总体层次。

1. 入户区大理石铺装的开阔空间

庭院主体建筑由大理石装饰的围墙构成,植物与建筑之间形成了良好的对应关系,统一感强,突出了典雅大气的气势。围墙与门前铺地绿化成为地面与前面之间的过渡,软化了大面积石材形成的压抑感,造型优雅的大树点缀在大门旁,成为进入私家空间的标志;经过精心修剪的灌木与围墙之间形成了柔和的色彩对应关系,使视觉空间的过渡变得自然而亲切(图2-36)。

图 2-36

2. 亲密的对应关系

野趣池塘边上的圆形木质地台与太阳伞下的休闲座椅之间构成的休闲之处与花园之间形成了亲密的对应关系。这种对应关系,增强了呼应的美感,是造园空间设计中常用的手法(图2-37)。

3. 巧妙的材质过渡

利用石材作为花池的边界与草坪空间之间形成了良好的分

割关系,花池与草皮之间的过渡采用低矮的草本植物作为装饰弱化了过渡之间的生硬之感。颇具有苔痕上阶绿,草色入帘青的情趣,砖红的结构与碧绿色调搭配极为入眼,田园感充满了园子的每个角落(图2-38)。

图 2-37

图 2-38

二、滨水景观设计实例

本案例为沿长江某区域中心城市新区的滨水区规划。该城市为国家历史文化名城,风景旅游城市,具有良好的自然资源和人文资源。其新区核心区南侧为谷阳湖,是由水库形成的人工湖。本案例规划区域以滨湖景观为特色,总面积近400hm²(图2-39)。

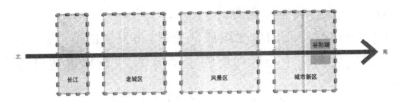

图 2-39 滨水区与城市关系图

（一）调查分析

现状用地主要由水体、湿地、荒地、农民菜地等自然性状态土地组成。西侧有较为集中的村落住宅。大坝和相关设施集中在东侧。湖中半岛突出在水中。

区内基本为步行小道，缺乏系统的道路。

规划区现状水体水质较好四周具有开阔的天际线和自然性岸线，野生植被丰富，向西直接看到长山山脉。人口密度低，建设基础良好。大坝是重要的景观要素，必须予以合理的改造。

在现状调查的基础上，制作土地利用现状图、高程、坡度、坡向分级。这些图纸能使设计者直观地把握地块状况（图 2-40，图 2-41）。

图 2-40 滨水区现状坡向图　　图 2-41 滨水区土地利用现状图

（二）确定滨水区的功能

经过与委托方协商，以及对周边城区需求的分析，确定滨水区功能为展现新区风貌形象的窗口，集居住、游憩、休闲、文化、展示功能为一体。具体功能为：

（1）城市次中心的重要组成部分，城市发展的节点；

（2）完善新区中心区功能的主要板块，推进城市建设的重要环节；

（3）区域内重要的居住、休闲基地，以滨湖为特点的城市文化展示中心。

（三）确定功能布局

根据现状地形地貌特点和相关规划，划分为四个功能区：低密度居住区、休闲娱乐区、公园区和文化展示公建区。

低密度居住区位于规划区西侧，以高品质的别墅和花园洋房为物业特色。

休闲娱乐区位于湖中半岛，以餐饮、度假、休闲、艺术、娱乐、商业功能为主，是区域性的文化、休闲娱乐中心。

文化展示公建区位于规划区北端，北接城市行政核心区，主要布置文化、展示、娱乐、酒店等公共建筑，同时兼顾商业、办公、金融、管理功能。

公园区位于谷阳湖东侧和南侧，这里环境幽静、景观视野开阔，规划湿地游憩公园和体育运动公园两部分。湿地游憩公园以儿童游憩、湿地植物展示和培育为主要功能，体育运动公园以综合性体育运动为特色（图2-42）。

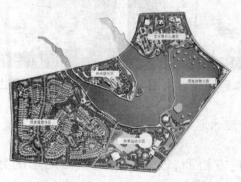

图2-42 滨水区功能分区图

（四）确定景观结构

以环湖岸线和中心景观轴线为依托,形成扇形的混合公建区、三纵一横的空间轴线和三个空间核心。

扇形混合公建区:以城市行政核心区为依托,在湖北侧形成以文化展示为主的混合公共建筑带,有助于带动区块的滚动开发。

三纵一横的空间轴线:以纵向绿化景观轴为依托,形成纵向空间主轴。以文化展示公建区建筑群沿次干道形成两条纵向空间次轴。湖南岸公共区域形成横向空间轴线。

三个空间核心:根据空间、景观和人流聚集方向,确定商业服务区、公建区湖滨拓展空间和体育运动中心三个核心空间(图2-43)。

图2-43 滨水区景观结构图

（五）确定总体方案

图2-44 滨水区景观总体方案

（六）详细设计

1. 休闲娱乐区设计

休闲娱乐区所在湖中半岛，拥有滨水区最好的景观资源，可以满足周边休闲娱乐需求，如图2-45所示。规划设施为商业中心、度假宾馆、餐饮、酒吧、艺术村、游艇码头。

图2-45　休闲娱乐区设计

2. 低密度居住区详细设计

低密度居住区以多层花园洋房、联排别墅为主。南、北各有一处会所，湖水引入小区内，做到风景入户、曲水流觞，如图2-46所示。

图2-46　低密度居住区设计

3. 体育运动公园设计

体育运动公园拥有大面积的绿地和开阔的景观视野，是滨水区的绿肺,如图 2-47 所示。主要入口布置在东侧靠城市道路处,配置大规模停车场。内部配置体育馆、管理中心、各类球场、运动草坪。

图 2-47　体育运动公园设计

4.临湖岸线设计

临湖岸线尽量采用自然性设计手法,不设置硬质驳岸,而是采取缓坡入水的手法,在个别人流汇集处设置亲水台阶,在湖边 5 ~ 10m 处设置沿湖步行道,如图 2-48。

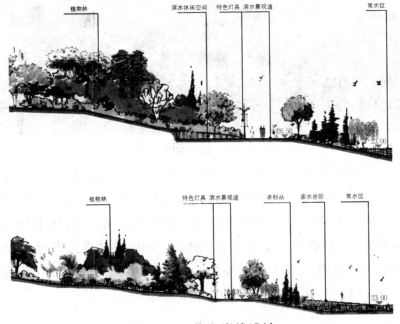

图 2-48　临湖岸线设计

三、CBD 设计实例分析

（一）北京朝阳 CBD

北京 CBD 位于北京朝阳区中西部,处在以东三环路为南北轴线,以建国门外大街为东西轴线的一个大十字的四个象限内,总占地约 3.99km²,建筑总量约 1000 万 m²,其中写字楼约占 50%,公寓约占 25%,其余为商业、服务、文化娱乐设施等,是中国涉外资源最为丰富的地区,也是北京市商贸氛围最浓厚的场所。主体建筑高度均在 100m 以上,部分商务建筑高度在 150 ~ 300m 之间,除原有的国贸、嘉里、京广、汉威、航华大厦等高档写字楼外,还有银泰中心、中环广场、建外 SOHO、新北京电视台、财富中心、国贸 3 期、世贸中心、新城国际（Central Park）等众多建筑设施（图 2-49）。

图 2-49　北京朝阳 CBD

目前世界 500 强企业进驻北京 CBD 及周边地区的已有 120 多家。此外,该 CBD 中绿化面积达 333900hm²,占总用地的 11%,包含有四个主题公园及环状绿化系统、沿街绿化带和滨河绿化带等。为确保交通畅通,CBD 区域内的交通占地面积就高达 39.6%,且建立立体交通系统,其地下建筑全部相互联通,形成地下人行系统,并考虑了大量的地下停车位。

（二）上海陆家嘴CBD

陆家嘴CBD是21世纪上海中央商务区的主要组成部分,规划用地1.7km²,建筑面积约400万m²,主要发展金融、贸易、商业、房地产、信息和咨询等第三产业,目前已逐步形成了金融保险、商贸、旅游、会展等四大支柱产业。陆家嘴CBD体现的是一种典型的"金融中心模式",是目前国内规模最大、资本最密集的CBD(图2-50)。

图2-50 上海陆家嘴CBD剪影

该区已聚集8家国家级要素市场、135家中外金融机构、40多家跨国公司地区总部和4000多家贸易、投资和中介服务机构。为打造世界一流的中央商务区,陆家嘴CBD成了全球著名规划设计大师们共同努力的智慧结晶:规划从东到西,渐次将集中绿地、以高度居世界第三的88层的金贸大厦为代表的高层建筑带和以东方明珠电视塔为主体的文化设施及滨江憩息带构成富有节奏的空间环境,并已成为上海现代化城区的新景观。这里每一幢建筑物都别具匠心,区域内部在地下、地面和空间的联系几乎达到了最佳组合:近百幢三四十层的超高层建筑如众星捧月,聚散相宜地簇拥在那几幢近百层的摩天大楼周围;占地10万m²,花木掩映、绿草如茵的中央绿地与邻近几幢超高层建筑对比相生,体形虚实、错落有致,又不失平衡之美;绿地外围的弧形高层建筑带与沿黄浦江的"弧形线条"内外呼应,内部环路交通与城市东西轴有序结合,使地面建筑、绿化、道路组合十分协调。

2005 年，上海又提出将在全球率先建立电子化国际商务中心区，即 E—CBD 模式，总投资达 1000 亿元。21 世纪远东及太平洋周边地区乃至全球最重要的金融、商业和贸易中心将在这里崛起，这是该区域的又一次跨越式发展。

四、步行街景观形象设计实例分析

这里以武汉市江汉路步行街为例进行分析。

武汉市江汉路步行街是武汉市民心中最负盛名的商业街。随着三条道路建设工程的实施，将创造出汉口中心城区历史传统与现代生活互为融合的都市景观（图 2-51）。

图 2-51　武汉市江汉路步行街

（一）设计理念

1. 保护优秀的历史建筑和景观风貌

传统商业街是城市历史与文化最核心的载体，是最具独特风格的都市景观。通过分析，本次设计对江汉路上的建筑分成三类：第一类为 13 幢优秀历史建筑，设计原则是通过整旧如旧、修复破损残缺等保护措施，恢复建筑原貌，保证历史建筑的原真性、可读性和可续性；第二类为有风貌特色的一般性建筑，改造重点为力争保持原有风貌，但在外墙色彩方面允许做修改；第三类为现代建筑，处理原则是粉刷涂新，与环境相协调统一。

2. 挖掘历史文化内涵，创造高品质的空间景象

街道景观是由不同的环境要素共同构成的空间艺术形象。在人的视域中所感觉的各种元素的组合，反映出街道的形象特征和文化特质。在江汉路这条跨越百年的老街上，规划希望能通过景观的重整引发人们对往昔的追忆，对未来的畅想。

3. 开辟公共活动空间，促进都市更新

在封闭、线形的街道上，利用建筑界面的围合开辟几处开敞的活动小广场，让空间产生张弛交替的节奏变化，添了街道的趣味和生机，为市民提供了难得的休憩、交流、聚会场地。

通过对江汉路景观特点的分析，利用拆迁近 $10000m^2$ 旧建筑的场地，在商业最集中繁华的区段创造 3 个主要空间节点和 2 个次要空间节点，为狭长街道带来节奏的变化。南端以海关大楼为背景，由古典建筑围合的江汉关广场隐喻着江汉路的过去，与北端展示着未来的现代化喷泉中百广场遥相呼应，其间串联着 3 个风格各异的街道广场，成为街道上最具活力和吸引力的场所。

4. 创建"以人为本"的空间环境

步行街将人从喧嚣的城市交通中解放出来，树立的是人在空间中的主导地位，环境中的一景一物均以人的心理和生理感受进行设置。为人们提供可小憩的座椅，设立"人性化"的"街道家具"（小品、电话亭、钟架等），提供为现代人资讯服务的电子咨询设施，一切建设活动以"人"为服务对象，力争创造舒适、优美、富于情趣的街道环境。

（二）设计要素

江汉路步行街的设施，大致可分为以下几类。

1. 铺地

标准路段：将平均 15m 宽的道路分为 3 块板，中部 4.5m 宽，用 600mm×600mm×600mm 的印度红花岗岩铺设，两侧铺以同

型号灰色火烧花岗岩,每隔 3.6m 做石板打磨,地面色彩与整体环境在统一中求变化。

2. 节点

为营造步行街丰富多彩的商业繁华气氛,在江汉路与各垂直交叉路口处均做统一图案化设计,另在 3 个主要广场节点(江汉关、鄱阳街、中百)进行了突出环境特征的地面图案设计,与所在环境相呼应,增添街道的趣味,吸引人们在此驻足观赏、逗留。

3. 街道家具

丰富、精致的街景离不开"街道家具"的设置,主要包括座椅、IC 电话亭、时钟、垃圾筒、路标等设施。由于江汉路路面狭窄,在布置中将可组合的设施整体设计,如座椅和花池、路标与指示牌结合形成统一的小品形象。一些高新技术也在改造中得以应用,座椅下安置了高质量的音响设备,给人们送来悠扬的中外名曲;中百广场上设立大型电子显示屏,即时传送信息,每天都吸引大量人流在此观赏。

4. 景观小品

雕塑、喷泉、小品是点缀街道的饰品,可增添商业街的文化历史意蕴。在江汉路的 3 个广场节点上创作了以代表武汉文化生活特色的仿真铸铜雕塑——"热干面""竹床""挑水",这些反映老武汉市民真实生活场景的雕塑,市民们百看不厌(图 2-52)。

图 2-52 景观小品

第三章 "一带一路"倡议下的
中国城市色彩形象

在城市文明发展的初期,构成城市主体的建筑和环境工程大多就地取材,或使用由当地土壤加工的建材,形成了早期城市环境的色彩风貌。不同的国家和城市,因政治制度、宗教信仰、传统礼教以及地域、气候的不同而对色彩有不同程度的偏爱,从而形成了独特的城市文化与色彩文脉,以及与之相对应的形式独特、风格鲜明的色彩样式。

第一节 城市色彩概述

一、城市色彩的界定

城市色彩,是指城市物质环境通过人的视觉所反映出的总体的色彩面貌。城市色彩的感知主要基于人们对于城市物质空间和相依存的环境的视觉体验。城市建筑的总体色彩作为城市色彩中相对恒定的因素,所占比例很大,是城市色彩的主要组成要素。

通常,城市规模越大,物质环境越复杂,人对城市的整体把握就越困难。城市的地域属性、生物气候条件、作为建筑材料的物产资源以及城市发展的状态对于城市色彩具有决定性的影响,世界城市所呈现出来的色彩格调都和这种影响有密切联系。而文化、宗教和民俗的影响,进而使这种差异变得更为鲜明而各具特色。如德国人的理性、严谨、内敛、坚毅,意大利人的热情、随性和外向,中国人的含蓄、淡泊、随和、包容,还有拉美人的热烈和奔放,都在他们的城市色彩中得到了充分的展现,体现了地域人文特色。而具有相近地域条件的城市,一般也具有相类似的色彩面貌(图3-1、图3-2)。

图 3-1　贵州青岩古镇

图 3-2　阳光下的威尼斯

二、城市色彩的性质与功能

(一)城市色彩的性质

1. 地域性质

地域性,是地理学中的常用概念之一,是指不同地域的自然环境和社会文化在发展过程中所体现的地域差异和组合特征,并随着空间、时间的变化而相应变化。城市色彩的地域性,决定了一个地区特有的色彩风貌。这种色彩文化由当地居民创造,世代传承并表现在城市建筑中。不同的国家或地区拥有不同的区域色彩,其城市建筑的色彩也各具特色。

色彩学是研究与人的视觉发生色彩关系的自然现象的科学。地理学本是以地球表面为研究对象的自然科学。色彩学和地理学的"联姻"催生了一门新兴的边缘科学——色彩地理学。朗科罗的"色彩地理学"以地理学为基础,纵观不同的地域环境中奇特的色彩现象,研究并探索其对人种、生活、习俗、文化传统等方面的直接影响。这些因素催生了不同的色彩表现形式,因为不同的地理条件必然形成特定形态的地域环境,不同的地域环境又会形成不同的气候条件,从而影响不同人种的生活习俗,乃至形成不同的文化传统。从特定的地域环境、气候条件、人种、生活习俗、文化传统等方面研究色彩现象,不难发现,生态环境和文化习俗的差异和不同的组合方式,催生了具有地域特色的色彩风貌。

气温和光照首先直接影响着人对色彩的主观感受以及由此产生的生理和心理反应。就气温而言,热带地区的长期高温使人们更易接受素雅、安静、平和的色调,如高明度的冷色系和无色系。相反,寒带地区的人们则更喜欢从视觉上感受温暖、热烈的暖色系。就光照而言,在阳光照射下,暖色系相对于冷色背景在视觉上显得更靠前,建筑和环境的形象也更为突出;而在阴天或光照不强的情况下,冷色系显得更加饱满并引人注目,暖色系则趋于沉静与平淡。

降水的多少除了影响一个地区自然环境的风貌以外,对景观色彩带给人的感受也有重要影响。对自然风貌的影响表现为:多雨地区气候湿润、树木茂盛;少雨地区空气干燥、植被稀少。对人的视觉感受的影响表现为:降水天光照度降低,天光呈漫射状态,建筑材料固有色的还原度降低,因此呈现"灰"的色彩特征。雨天空气湿度较大,空气透明度降低,物体色彩的彩度也随之降低。温度对城市色彩的影响多表现为:多雨地区的外部环境色彩易受雨水洗刷,也易受水汽侵蚀,容易使建筑、环境的彩度降低;

在中国长江以南的多雨环境中,人们的心境一如接受了雨水的洗涤,更倾向于浓绿背景下白墙青瓦所形成的清淡雅致的格调。此外,多雪对空气中的湿度和色彩视觉有一定的影响,也会出现城市色彩基调临时性改变和低温的现象。该类地区往往采用复合式的色彩应对策略,建筑更多地采用暖色调,以适应、映衬多雪的环境。需要说明的是,目前影响许多城市生态状况的雾霾天气,不仅人体健康造成严重的危害,还对城市环境的色彩视觉产生障碍性影响。因此,中国不少地区将雾霾天气作为灾害性天气预警预报。

特定的地理环境决定了特定的城市空间形态,建筑显然是这个特定空间中的主体。这些建筑的形制、材料以及筑造方式,都与地理环境紧密相关,而这些都是直接作用于城市色彩面貌的重要因素。

人们的色彩倾向受到地理环境差异的影响。地处大漠与地处滨海的城市在色彩选择上有明显的不同。前者的环境特点是:城市空气相对干燥,易受风沙侵袭,自然环境色彩相对单纯,地方材料较为单一。相反,后者的环境特点是:空气清新湿润,又有蓝天碧水的映衬,陆海交通较易开发,材料选择具有优势。地理环境的不同,使城市色彩的成因不同,环境场所的色彩面貌也会不同,人们对环境的审美心理在不同的地理环境中也会有所变化。生活在热带地区与生活在寒带地区的人群,色彩倾向会在明度和彩度上有微妙的差异,后者更愿意在色调上接受中间值。了解这些不同地域的地理差异以及人们对环境色彩的心理需求,对环境色彩的正确评价与选择有很大帮助。关于地理因素对环境色彩的影响,朗科罗拥有独到的见解。他认为:"一个地区或一个城市的环境色彩会因其所处地理位置的不同而呈现不同的面貌。其中,既有自然地理因素,又有人文地理因素。"这里所分析的自然地理因素与之共同作用,形成了一个地区或城市的环境色彩特征,并积淀成地方色彩文化的重要组成部分。自然地理因素是客观的物质存在,人文地理因素是人类相对于客观物质存在而产生的主观认知。从这个意义上讲,自然地理因素在色彩方面对当地人的审美意识产生了影响,而这种审美意识又融入了地方传统和文化,从而丰富了地域性的文化意识形态。

2. 文化性质

文化是地域色彩形成的主导因素,地区或民族之间的差异使文化在城市色彩运用中呈现出不同的面貌。文化是历史积淀的体现,城市环境的存在必然体现了物质与精神的统一。正是文化的这种厚重感以及深层次的影响力决定了其在塑造地域景观方面无可替代的重要性,以及一个地区或民族色彩的独特性。城市色彩所承载的美学信息和人文信息正是连接城市历史文脉和文化特色的一座桥梁。

(1)文化共性。英国人类学家爱德华·泰勒在《原始文化》一书中对文化的定义是:"文化是一个复合的整体,包含知识、信仰、艺术、道德、法律、习俗和个人作为社会成员所必需的其他能力和习惯。"人类对某种文化的理解程度,体现在以上几方面相似的程度中,相似的程度越高,共性就越多。同时,人类所拥有的学习能力使其对不同的文化现象保持开放的态度,从而促进不同文化之间的交流。

人文因素对色彩的影响是基于人类对客观自然的主观认识。而人类对色彩感知的方式存在许多共性,这使具有地域特色的城市色彩被更广泛的人群所欣赏。人类对色彩感知的共性部分,是一种超越地区、种族与文化范畴的生理、心理反应。但当这种反应过程持续进行时,更为复杂的因素将产生影响,比如民俗习惯、民族性格、宗教信仰甚至地域与气候等,从而形成共性与地域性的差异。对人类色彩感知共性的认知是研究一个地区或城市色彩的基础,以此为起点,促进对地域色彩的全面理解。

(2)民俗文化和传统文化。色彩基于人的生理和心理所产生的效应虽然存在一定的共性,但也会因为不同的地域文化与传统习俗的影响而形成较大的差异;同样一种色彩相对于不同地域或民族拥有不同的象征意义。同时,不同的地域和民族又因习俗的不同而崇尚和偏爱不同的色彩。中国人视红色为吉祥、喜庆之色,视黄色为至尊之色。而一些地区对色彩的解读却有不同,在基督教中红色代表圣爱,在殉难日里则象征基督的血。

不同的民族与文化传统形成了不同的传统用色习惯,首先源自自然地理条件的差异而使用的当地建筑材料和因技术工艺不同而形成的建筑形式,更深层次的原因实际上是经济基础、社会制度、思想观念、文化艺术等人文地理因素的潜在影响。这些因素塑造了不同的民族性格,造就了不同的文化取向,体现了不同的色彩追求。例如荷兰人思想开放,性情平和,同时荷兰又是一个强调自由与平等的国家,因而对缤纷色彩的喜爱正是其民族性格与文化取向的反映。英国人因其特殊的岛国地理条件和历史文化基因,形成了端庄、内敛、严谨的性格特征,其城市建筑色彩也呈现出与荷兰截然不同的面貌。深入了解和研究传统色彩形成的文化环境,可以为城市色彩规划提供必要的依据。

(3)时代特征。从城市发展的历史来看,使用当地建筑材料、采用传统工艺是形成地域色彩的根本原因。由于交通、信息条件的制约,不同地域的城市在发展初期主要使用当地建筑材料,并根据这些材料形成相应的生产技术和加工工艺,从而形成具有地域特色的建筑样式和城市色彩。由于科技的不断进步,以及交通、信息和生产技术能力的发展,城市建筑材料的选择半径也在相应扩大,这使各种具有地方特色的建筑材料不断地被应用于其他城市。同时随着新材料、新技术的不断开发,物美价廉的人工材料层出不穷,为城市建筑色彩的表现提供了更多的机会,科学技术在丰富建筑色彩的同时也对传统建筑色彩产生了冲击。就单个城市而言,在色彩多元化的同时,地域特色也在相应地减少。如何在科技发展过程中实现城市色彩地域特色的可持续发展,是目前城市色彩规划工作的新课题。

当社会发展到不同阶段,社会的主流思想都会反映在这个时期的城市建筑中,因此建筑色彩不可避免地产生相应的变化。不同年代的城市建筑色彩的形成是当时社会意识的反映,而这些社会意识涉及宗教、政治、文化等领域,并通过建筑最终反映在相应的城市环境色彩中。这类建筑至今存在于世界上的各个历史城市中,它们带有明显的时代特征,并构成了这些城市的历史风貌。

(二)城市色彩的功能

1. 识别功能

在视觉环境中,色彩的易感知性被广泛应用和接纳。城市设计通过色彩来组织复杂的视觉秩序,创造有条理、易识别的城市形象,营造安全有序的公共环境和功能空间。这就是色彩在城市中所具有的识别功能。

(1)等级识别。回顾中国历史,色彩长期具有传达等级信息的作用。《春秋》有云:"礼楹天子丹,诸侯黝垩,大夫苍,士黈。"这使建筑色彩的使用开始具有封建等级意义。此后历代王朝均沿袭了以色彩作为等级制度的一大象征的传统,即使在许多少数民族统治时期也不例外。至明代,朝廷对建筑色彩的使用已有十分具体的规定:公侯门用金漆及兽面,梁栋、斗拱、屋檐用彩色装饰,窗户用金漆或黑油装饰;一品和二品门用绿油装饰;三品至五品门用黑油锡环;六品至九品黑门铁环;庶民不许用彩色装饰。可见,在中国古代城市中,凭借不同的色彩即可甄别建筑主人的身份,这也体现了以色彩区分尊贵的封建体制的特征。这种传统并不仅存在于中国,象征权力或财富的建筑材料与色彩的运用,在世界各地都有记载。虽然由于文化的差异,色彩的选择会有所不同,但都体现了色彩的等级象征意义。

南京明孝陵的建筑选用了高等级的红、黄等色彩,与皇帝生前使用的宫殿色彩一致,建筑通过色彩昭示了主人至高无上的地位,延续了中国色彩等级制的传统。随着时代的变迁,这种传统在辛亥革命之后发生了根本性的改变。民国时期在建造南京中山陵时,鉴于孙中山作为民主革命先行者的身份,设计师吕彦直摒弃了具有封建等级意义的色彩,而以蓝色和白色作为主色调,体现了革命性的象征意义。

（2）区域识别。不同地域的环境色彩存在明显的差异,究其成因,可以分为自然因素和社会因素两方面。自然因素包括气候、植被、土壤、岩石等,社会因素包括制度、历史、文化、风俗等。城市色彩的地域差异按照范围的大小可以分为多个层级。比如,中国的地域色彩有别于许多国家,而中国的南方和北方、东部与西部的城市色彩也各有特色;各民族之间因为地域、文化习俗的不同,环境色彩也存在差异;在同一城市中,不同的功能区域也往往拥有与各自区域特点相对应的色彩环境。

城市中以区域划分的文化中心区、住宅区、商业区等都因为区域功能的特点拥有各异的色彩氛围,这些与环境相适应的色彩起到了彰显区域性质的作用。城市环境具有十分复杂的信息源,相对于造型来说,人眼更容易识别色彩的差别;许多相同或相似的空间区域需要借助不同的色彩来显示其功能,强化其在复杂视觉环境中的辨识度。

（3）类型识别。城市公共设施常常会通过色彩的差异来区分不同的功能类型。例如:城市公共设施是保障城市正常运转的维护系统,在城市中虽然占据的空间并不大,但分布广并且种类繁多。公共设施的色彩在城市色彩基调中作为点缀,需要保持明确的类别特征和秩序感。它的色彩不再是单纯地追求变化,而同时承担着类型识别的功能。

2. 审美功能

城市的气质或庄严或欢愉,都是通过具体的形与色显现出来的。错落而有序的建筑群,蜿蜒或宽阔的街道与广场,桥梁、水面、绿地、车辆与行人等,都以自身的色彩参与其中。良好的色彩组合使城市环境美丽多姿,从而构成了城市的面貌与特征。

色彩的审美功能主要体现为对城市环境的优化,具体内容是:实现环境色彩与城市景观的完美融合,选择合适的材料,形成设计形式的风格化,彰显环境场所的品质与特征等,最终目标是使城市更加人性化,使生活充满愉悦的体验。

环境色彩的改变也意味着人们审美趣味的变化,但往往也有主动与被动的区别。西班牙一所小镇的墙面是白色的。当好莱坞征得当地居民的同意,在电影《蓝精灵》的宣传期间将房屋漆成蓝色时,它便从此换上了"新外套"。宣传活动完成后,索尼公司承诺负责将其恢复原色。然而,在适应这个全新的色彩环境的过程中,居民们发现前来观光的游客迅速增多,220位居民投票赞同保留其蓝色基调。

3. 心理调节功能

有关科学研究表明,色彩具有引发人的情感和心理反应的作用。从生理上讲,当人的眼睛受到不同的色彩刺激后,人的肌肉和血脉会相应地产生向外扩张或向内收缩的变化,从而形成不同的情绪反应和心理感受,如兴奋、紧张、安逸、烦躁等。当人们看到红、黄、橙色时,就会联想到给人温暖的火光以及阳光的色彩,因此红、黄、橙色被归为"暖色";当人们看到蓝、青色时,在心理上会联想到大海、冰川的寒意,因此蓝、青色被归为"冷色"。

伦敦泰晤士河上的波利菲尔桥的栏杆原来是黑色的,经常有人在这里投河自尽。于是坊间开始纷纷传说:这是一条魔鬼桥,罪恶的人选择在这里赎罪……"波利菲尔桥现象"引起了英国议会的关注,英国议会委托英国皇家医学院研究并解决这个问题。普里森博士在长时间的调查研究后得出一个惊人的结论、自杀事件与桥的颜色有关。波利菲尔大桥的桥面被全部涂成黑色,而黑色使人感到压抑、悲观,甚至产生轻生的欲望。因此,真正的魔鬼是桥的颜色。在普里森博士的建议下,当局用象征生机、带给人生活希望的绿色代替了桥上栏杆原来的黑色,结果在这座桥上自杀的人减少了一半。由此可见,色彩的心理调节功能是十分显著的。

尽管色彩的心理调节功能客观地存在于实际的生产、生活中,但直到 20 世纪后半期其才真正作为一种手段被广泛运用。除了心理调节以外,合理的色彩运用还可以起到一定的物理调节作用,不同色调的吸热系数是不同的。深色调易于吸热,反之,则吸收的热量少。色彩的物理效应可以被有效运用于温度要求复杂多变的城市环境中。

第二节　城市色彩的发展沿革

一、城市色彩的历史传承

在城市文明发展的初期,构成城市主体的建筑和环境工程大多就地取材,或使用由当地土壤加工的建材,形成了早期城市环境的色彩风貌。不同的国家和城市,因政治制度、宗教信仰、传统礼教以及地域、气候的不同而对色彩有不同程度的偏爱,从而形成了独特的城市文化与色彩文脉,以及与之相对应的形式独特、风格鲜明的色彩样式。

（一）两河流域

两河流域是指西亚的幼发拉底河和底格里斯河之间的平原,古希腊人称之为"美索不达米亚",即两条河之间的地区(今伊拉克一带)。公元前 3500 年,苏美尔人在这里建立了最早的城市。作为幼发拉底河和底格里斯河的冲积平原和三角洲,这里缺乏良好的木材和石材,用于建筑及装饰的主要材料不同于古埃及和欧洲,大多是用生土制成的,易受雨水侵蚀。为了保护生土制成的装饰材料,苏美尔人在没有干透的土坯上镶嵌陶钉。陶钉有红、白、黑三种色彩,可以组合成精美的图案,既保护建筑不受雨水侵蚀,又起到很好的装饰作用。因此,这种对比强烈的色彩装饰手法得以延续,成为当地建筑景观的特色。

公元前6世纪建成的新巴比伦城通过对琉璃的高水准运用，营造了色彩丰富的城市环境。黄色系和蓝色系对比鲜明，使整座伊斯塔尔门彰显出绚烂而庄严的特质（图3-3）。

图3-3 伊斯塔尔门

基于地域特征而逐渐发展的建筑材料和技术，使巴比伦城在土黄色的两河平原上呈现出华丽的色彩面貌。在建成100多年后，被称为"历史之父"的希腊历史学家希罗多德来到巴比伦城，为之深深感动，称其为"世界上最壮丽的城市"。巴比伦城也逐渐成为世代文学与艺术所描绘的对象（图3-4）。

（二）古埃及

与两河文明一样，古埃及文明是人类最早的文明之一。从地理位置上讲，埃及是一个封闭的国家，这种封闭的状态决定了古埃及文明的纯粹性和独特性，埃及的装饰形式在3000年里基本上处于稳定不变的状态。埃及既有生态状况良好的绿色环境，又有金字塔群周围独特的灰色荒漠，这两种生态环境的共生是埃及地理条件的基本特征。横贯埃及全境的撒哈拉大沙漠在烈日下一望无际，但尼罗河流域却拥有充足的水源和良好的植被（图3-5）。

图 3-4　巴比伦城

图 3-5　尼罗河流域

　　埃及的建筑色彩像它的地貌一样拥有对比极为强烈的两面性特征,希伯来人用泥、砖、茅草构筑的居所隐藏在峡谷深处,在日照下峡谷发出的金黄色泽也难以掩盖其素朴和简陋;尼罗河畔的巨石建筑都因为环境显得更加壮丽与宏伟(图 3-6、图 3-7)。

　　或许是风沙太大的缘故,如今来到埃及,满眼都是土灰色,似乎埃及的景致天生就缺乏色彩。事实上,古埃及的建筑装饰色彩是非常华丽的,并且形成了一定的色彩程式。建筑史学家认为,古埃及的建筑装饰色彩以红、黄、蓝三原色为主。古埃及的建筑装饰和当地绘画的用色传统是基本一致的(图 3-8)。

图 3-6 埃及建筑

图 3-7 埃及金字塔

图 3-8 古埃及壁画

底比斯始建于公元前 3200 年,至公元前 2000 年时人口大约有 4 万;直到公元前 1000 年,底比斯都是世界上最大的城邦。底比斯最著名的古迹是凯尔奈克神庙、卢克索神庙等(图 3-9、图3-10);在今天,底比斯所保留下来的遗址仍然是气势宏伟且令人赞叹的。

图3-9 凯尔奈克神庙

图3-10 卢克索神庙

（三）欧洲

在欧洲,古希腊文明和古罗马文明对世界文明产生的深远影响一直延续至今。

和古罗马相比,古希腊的建筑和环境色彩更注重与大自然的融合,这与希腊文化的理想主义倾向是密切相关的。希腊的神话练就了希腊人丰富的想象力和卓越的创造力,也使其建筑的整体环境具有浪漫色彩。

作为建筑群的中心,献给雅典娜女神的巴底农神庙是卫城上最华丽的建筑。它的主体仍然由白色大理石砌成,但其外部装饰色彩十分浓艳,雕像和建筑细部使用金、红和蓝色。由此奠定了巴底农甚至整个卫城建筑群肃穆而欢乐的基调(图 3-11)。

图 3-11　巴底农神庙

相对而言,古罗马人就理性得多。他们善于把已有技术付诸实践,实实在在地为生活服务。古罗马的广场更多地体现政治力量和组织性,更多的是对帝王的歌功颂德。正因为这种性质,古罗马的广场修葺得十分豪华,色彩也非常艳丽(图 3-12)。

图 3-12　古罗马广场

图雷真广场是古罗马规模最大的广场,该广场的底部是图雷真家族的巴西利卡。该巴西利卡有 4 列 10m 多高的柱子,中间两列用灰色花岗石做柱身,用白色大理石做柱头,外侧两列柱子为浅绿色。而巴西利卡的顶部覆盖着镀金的铜瓦,广场中心的图雷真骑马青铜像也是镀金的,由此可见该广场的奢华(图3-13)。

图 3-13　图雷真广场

（四）中国

　　古代中国幅员辽阔,自然条件和民族文化复杂多样,决定了环境色彩的复杂性和多样性。自然环境的复杂多样,促使各民族为了适应大自然并有效利用自然条件而作出努力。这体现在建筑色彩上——建筑大多采用木、砖、土等自然材料,建筑色彩源于大自然,建筑的材料、形制、选址均与地形地貌相结合,从而实现了人造环境与自然环境的完美融合(图 3-14)。因此,建筑史学家潘谷西先生认为:"中国建筑有一种与环境融为一体的、如同从土地中'长'出来的气质。"

图 3-14　广西侗族风雨桥

　　中国传统城市、建筑色彩也深受传统文化的影响。比如古代的阴阳五行学说认为:青色象征青龙,表示东方;朱色象征朱雀,表示南方;白色象征白虎,表示西方;黑色象征玄武,表示北方;

黄色象征龙,指中央。这种思想将色彩、方位、空间联系起来,并被用于古代城市营造与建筑工程实践中。同时,色彩也反映了当时社会的主流文化,如在宋代,建筑常常选用含蓄单纯、清淡高雅的色调,多是受儒家理学与禅宗思想的影响。

数千年的专制制度使等级观念在人们的意识中根深蒂固,建筑色彩也有严格的等级规定。如西周奴隶主以色彩"明贵贱、辨等级",规定"正色"为青、赤、黄、白、黑五色,"非正色"为淡赤、紫、绿、绀、硫黄等色,其等级低于正色。在之后的历史演变中,黄色逐步被重视并成为皇室专用色彩,皇宫寺院用黄、红色,宅邸官宦用绿、青、蓝等色,民舍只能用黑、灰、白等色,以色彩体现社会各阶层的区别。同时,古代的城市营造也在很大程度上受到封建礼制、城市格局的限制,这是一种严格的制度和自内向外的制约力量。所以古代都城和重要城市的色彩基本上以反映皇权统治和宗教礼法制度为特征,此时的城市色彩是神权与君权意志的体现,是一个地区和民族的政治、文化传统最直观的反映。北京故宫建筑群的建筑色彩是北方宫殿建筑群用色的典型:白色台基,深红色墙面,红色门窗,青绿色彩画,以及黄、蓝、绿诸色屋顶,富丽堂皇,强烈的对比色调显示了皇权的威严(图 3-15)。

图 3-15 北京故宫的角楼

和故宫相类似,祭神的坛庙也通过色彩对比等手段刻意营造庄严肃穆的气氛。以天坛为例,蓝色的屋顶、汉白玉台基和栏杆,红色的门窗,色调鲜明,对比强烈(图 3-16)。

图 3-16 北京天坛

中国各民族的用色传统均有其独特的地域与文化特色。以西藏拉萨（图 3-17）为例，其城市建筑色彩以白、红、黄色为主，以黑、蓝、绿等色为辅。这种色彩组合的形成一是因为拉萨地处青藏高原，建筑主要由当地生产的砖石砌筑而成，并在墙檐上以暗红色的彩带作为墙面装饰，同时由于青藏高原太阳辐射强，建筑墙面常使用大面积的白色，以减少太阳辐射；二是因为拉萨建筑受到宗教与历史上"政教合一"制度的影响。拉萨建筑常以白、红、黑、黄色对应佛教世界中的天上、地上、地下。白色代表吉祥，黑色代表驱邪，红色代表护法，黄色代表脱俗。而历史上长期的"政教合一"制度对城市空间及建筑色彩有较严格的限制，并以红、黄色为尊，主要用于寺庙、宫殿，比如布达拉宫、大昭寺等。民用建筑则多以白色或其他色彩为主，体现了色彩的等级特征。

图 3-17 拉萨布达拉宫

二、现代城市色彩的发展

（一）西方国家城市色彩的发展

20世纪60年代,欧洲城市的发展建设进入了新的历史阶段,而城市环境特色与传统的维护成为了其中重要的内容。在这一过程中,欧洲开展了一系列的城市美化运动。如建筑的清洁运动,对城市建筑的外墙面进行清洁,把它们恢复到石材表面的自然外貌。建筑清洁运动改变了烟黑色的历史城市,使人们开始关注城市原有的色彩,并着手保护城市的传统色彩。在意大利都灵的旧城复建中,以色彩作为规划手段的做法给人们以启发。后来,这一做法在许多欧洲国家的城市规划中被效仿,成为城市色彩景观规划的开端。

以欧洲城市为例,工业革命以前城市发展通常是沿城墙向外做圈层式的扩展,速度相对缓慢,并呈现出渐进修补的特点。在发展过程中,虽然建筑风格在不断演变,形式在不断变化,但由于所采用的建筑材料相对稳定并具有延续性,使街道、广场乃至整个城市在视觉上感觉十分和谐,城市色彩主调也得以相对稳定地建立起来。工业革命以后,一些发达国家逐渐进入工业时代,城市色彩的发展经历了一个从稳定、渐变到变异的过程。总体而言,在工业化早期,城市的尺度、建筑材料,在相当大的程度上仍然得到很好的保持。到20世纪,现代建筑先驱者开始大量使用钢铁、玻璃和混凝土等新型建筑材料,建筑设计和施工日益工业化和标准化,这使得原有的城市色彩面貌受到一定的冲击。但由于新建筑的体量大多仍符合原有的城市尺度,其在色彩上带来的视觉冲击仍然在可以控制的范围内。

（二）中国城市色彩的发展

中国传统城市从总体上看体现了儒家文化和与之相结合的

社会等级制度。建筑色彩和建筑形式一样,为统治阶级的意识形态所左右,体现了严格的等级制度。

中国的城市色彩研究起步较晚,学科形成上主要是对西方颜色科学理论的引入和借鉴,在此基础上对色彩学的基础理论和色彩量度以及实用色彩方面的研究较多。城市色彩景观规划的系统化研究尚未成熟,大多城市色彩规划处于被动阶段,从规划设计到控制实施都落后于城市整体规划,而且还有绝大多数城市没有意识到城市色彩景观规划的重要性和必要性,城市色彩还处于混乱之中。

通过对国内城市色彩发展历程的回顾,我们不难发现,伴随着人们对城市环境特色问题的日益关注,越来越多的城市都把城市色彩管理纳入到城市发展建设纲要中来,而许多城市也正是通过对城市色彩问题的关注,而提升了文化内涵、彰显了城市的魅力。下表所列的城市色彩规划发展历程,正是从时间和关注内容的角度,记录了人们的探索过程(表3-1)。

表3-1 国内城市色彩规划发展历程回顾

时间	地点	部门	内容	意义
1989—1990	大连	开发区	五彩城规划	国内较早的关于城市建筑色彩的研究活动
1991—1993	北京	北京市建筑设计研究院	对北京、西藏等地区的传统建筑色彩进行研究	国内较早的关于城市建筑色彩的研究活动
1998	深圳	中央美术学院	深圳华侨城色彩设计	国内最早的环境色彩设计
2000	北京	北京市政府	召开城市建筑色彩研讨会	掀起了国内轰轰烈烈的色彩规划活动
2001	盘锦	西曼色彩文化发展有限公司	盘锦市城市色彩规划	国内第一个城市色彩规划
2001	武汉	武汉市政府	武汉市色彩最美的建筑评选	引起了市民对城市色彩的关注

时间	地点	部门	内容	意义
2002	哈尔滨	哈尔滨工业大学城市规划设计研究院	制定哈尔滨城市色彩规划	国内最早进入操作阶段的城市色彩规划方案
2003	武汉	武汉市规划局	武汉城市建筑色彩技术导则	目前国内较为深入的城市色彩应用指南
2004	北京	中国流行色协会	完成中国城市居民色彩取向调查报告	国内最早的城市居民色彩调查报告
2004.10	北京	中国流行色协会	颁发城市色彩大奖	武汉、哈尔滨因为在城市色彩建设方面成绩突出而获奖
2006.9	北京	中国科协	2006中国城市色彩与和谐居住环境	对推动中国城市环境色彩建设具有里程碑的意义
2007.3	北京	中国美术学院色彩研	中国国际城市色彩规划展示	城市色彩提供一个难得的普及
2010.9	珠海	市住房和城乡规划建设局	《珠海市城市建筑色彩规划管理暂行规定》和《珠海市建筑色彩控制技术规定》	

第三节 城市色彩形象规划的实践探索

一、永安市

福建省永安城市色彩形象识别设计研究的主要内容是探讨如何维护永安的传统色调和打造"桃源仙境、诗意永安"的城市色调,并在当代都市化进程中进行有机融合,全面揭示永安的城市色彩特点及其发展规律。这是在永安保护大自然赐予人类的珍贵财富，并在新区发展建设中延续和发展这一主题的大课题下进行的，目的是通过对永安多方面的研究，确立新区建设中城市色彩如何以桃源之乡的形象延续和发展。

（一）永安城市色彩现状

永安，桃源之乡，耕读传家，偏安一隅。位于福建省中部偏西，东临大田，西接连城、清流两县，南毗漳平市和龙岩市新罗区，北连明溪县三元区。永安拥有以国家级风景名胜区桃源洞——鳞隐石林为代表的一批档次高、规模大的旅游单体资源，其中国家级旅游资源8个，省级16个，地市级38个，共占全市旅游资源的51%。永安境内石灰岩分布广泛，属喀斯特地貌。自然资源丰富，素有"金山银水"之称。

永安城市色彩现状调研包括自然色彩要素、人工色彩要素和历史人文色彩要素。

自然色彩要素是指构成永安市自然景观环境的桃源洞、石林、天宝岩、安贞堡、巴溪等自然景观的色彩。

人工色彩要素是指人工营造出来的永安市景观环境诸要素的色彩——如建筑物色彩、广告招牌色彩、公共设施色彩、交通工具色彩和道路铺装色彩等。

历史人文色彩要素是指永安市的历史建筑、文化古迹、民族风情中蕴含的历史色彩要素，这些色彩最能代表永安市城市个性特征。上述各类景观在永安市中彼此交错，紧密相连，构成了永安市极富魅力的个性景观。

（二）永安现状色彩提取

1. 自然环境

永安地貌素有"九山半水半分田"之称，地势东、西、南三面高，中部低，山地、丘陵多，盆谷、平原少，九龙溪横贯东南。典型的丹霞地貌、喀斯特地貌造就了永安许多奇峰异景。

　　桃源洞（图3-18）、石林、天宝岩是永安市宝贵的自然资产。桃源洞的一线天、石林的奇峰异石，都成为自然景观的点缀。初夏，景区里树叶的色彩系为中明度、中纯度的色彩。从秋天到冬天，落叶树叶让人们充分欣赏了它随气候变化而发生的色相、明度、纯度的微妙变化。

图3-18　永安桃源洞

　　永安造景岩石以石灰岩和红色砂砾岩为主。从永安当地提取到的土壤标本色彩主要呈现为红色与黄色两大类。褐色和紫红色穿插其间。色相基本处于10R（红色）系、2.5Y（黄色）系范围内。

　　永安西北部属于武夷山脉东南坡，地势由西南向东北逐渐降低，地形多山地、丘陵盆谷。其背有山体景观，属侵蚀性土地花岗岩，植被茂盛色彩浓郁。永安的水域是典型的灰蓝色，与蓝灰色的天空浑然一体。

　　2.人工环境的调查

　　（1）现代人文景观。风光旖旎、诗情画意的巴溪滨水风光带以及随季节变化塑造出不同环境景观的繁茂的花草、树叶等自然植被，不仅给来访者以舒心悦目的自然色彩感受，也给永安市未来高品质的人工景观色彩的形成创造了得天独厚的基础。古语云："吉者福善之事，任者嘉庆之征。"吉山吉水之滨，永安城遗世而独立。城市公园（图3-19）的植被与道路两侧的绿化给城市带来温暖感。

图 3-19　龟山江滨公园

（2）古建筑。永安遍布着许多历史性建筑,它们经历了城市的历代兴衰,至今依然生机勃勃,傲然屹立,成为永安永恒的经典。景从文生,明清文化、儒家文化、闽粤文化正是永安身份特征三个重要组成部分,在永安保存着许多明清时期的历史古迹,如槐南安贞堡、贡川古城墙等都是永安历史和文化的代言表。这些予人以独特存在感知和深刻印象的历史性建筑,随时间的流逝越发成为永安景观资源中的无价之宝。

永安拥有以国家级风景名胜区桃源洞—鳞隐石林为代表的一批档次高、规模大的旅游单体资源。

永安文庙始建于明景泰六年(1455 年),是该市目前仍幸存的唯一一个见证了当地各个历史发展过程的古代建筑。

贡川古镇(图 3-20)是福建唯一的城堡式古镇,故称"贡堡",建于明嘉靖四十一年(1562 年),其城墙原全长约 2000m,高约7m。墙基用鹅卵石、花岗石、丹霞石作基础,上部用青砖包砌,每块砖重约 1.5kg,专门定制烧造,许多砖上印有"贡堡""贡川"字样,有的还有烧制工匠的名字。

（3）抗战文化遗址。抗日战争的风风雨雨,在这里留下辙痕。在永安,迄今保留众多完好的抗战遗址,每一处都有可歌可泣的抗战故事。以永安抗战文化活动为主体的东南抗战文化,会让你踏入这块圣地时,心中充满虔诚的敬意和礼赞。在永安迄今保留有众多的抗战遗址,包括设置于防空洞的福建省主席陈仪先生和接任的刘建绪先生的办公室、羊枣烈士旧居、福建省政府各机关旧址、改进出版社所在地等。

图 3-20 贡川古镇

（三）永安城市色彩意象

1. 永安城市精神理念

在城市主题文化的基础上，推导永安城市的精神理念。根据对永安城市文化的剖析，永安的个性与灵魂就是明清文化、儒家文化、笋竹文化、抗战文化、闽粤文化在新的历史条件下"东西荟萃、古今交融"的新内涵。

永安城市理念定位：桃源仙境，诗意永安。

永安城市环境：金山银水，世外桃源。

永安城市格局：南商北工，一江三溪。

永安城市人格：忠肃，刚直。

永安城市精神：爱国、勤俭、诚信、宽容、自由。

永安城市自然观：天人合一。

根据永安的城市理念，结合永安自然景观，归纳永安的城市色彩意象。其色彩意象的核心在于表现桃源般诗意的生活特征。永安的城市色彩意象有助于对后期城市概念色谱的确立予以指引。

2. 永安城市色彩意象内涵

"桃源仙境,诗意永安",在此次总体规划中,针对永安市城市形象规划制定了明确的指导方针,方针中提出要构筑九区一节点的城市景观与自然景观相互辉映的城市空间。依托优越的自然山水和深厚的文化底蕴,努力做到"以山为脊,以水为源,以绿为际,以文为魂"。彰显城市个性,精心打造一座"山水相映、城在绿中,水在园中"山水生态园林城市,塑造"桃源行一里,好比沐法雨;仙境游一天,胜似做神仙"的意象。

提取桃花源的概念元素,以指导永安"桃源仙境,诗意永安"的城市色彩意象的进一步具体化。

二、哈尔滨市

（一）哈尔滨城市色彩规划分析

哈尔滨城市色彩规划工作开始于 2002 年,但是对哈尔滨城市建筑色彩予以研究的想法最早却可以追溯到 20 世纪 90 年代中期。因为在我们看来,哈尔滨的异域文化特色造就了它独有的城市建筑形象,而建筑色彩是其中较为重要的形象要素。在新的历史时期,如何结合既有文化传统,创造出属于哈尔滨的城市新形象,是摆在我们面前的现实问题。虽然在我们今天的眼光看来,规划中的某些环节还有待提升。但是,这个项目却是我们在城市色彩规划领域内迈出的坚实的一步。今天哈尔滨的城市建筑色彩规划控制所依据的原则,就是在哈尔滨城市建筑色彩规划工作中提出并确定下来的。这个项目对哈尔滨的城市建设发展具有积极的现实意义。正因为如此,在 2004 年举行的首届"色彩中国"年度大奖评审中,专家和评委给予该规划方案高度评价并授予该项目"城市色彩大奖"。

回想起来,在哈尔滨城市色彩规划工作的最初阶段中,我们试图拿出一个"规划设计"去将城市分区,并划分为不同的色彩规划区,既统一又和谐。随着工作的展开,我们发现,虽然国外有威尼斯水城,国内有威海等全城色彩规划的实例,但在一个面积近 $300km^2$ 的大城市中这种做法几乎不可能,因为你无法拒绝生活在哈尔滨这座文化多元、文脉丰富的城市里的人们对丰富色彩的追求。我们试想,道里区的某条街今年刷成一种色彩设计形象,明年难道不能换吗?

经过研究,我们认为,色彩规划课题由来关键在于两个方面,一是历史色彩的丧失,哈尔滨历史上色彩特色较鲜明,但鲜明在哪儿?除了黄色还有什么?正是这点不明确,使我们在近年城市建设中无章可循,或者说只"遵黄",但没有"扩展黄",逐步使色彩混杂无序;二是色彩审批。一直没有同建筑效果表现图区别出来,在表现图上,建筑色彩是整体环境(包括天空,可根据构图需要画成、灰、黄、蓝等)的一部分,建筑建成效果与表现图形体可能一致,由于背景、材质、阳光作用等影响,色彩差别较大。经研究,这两个问题的解决之道,初步确定为几个方面的对策:明确哈尔滨历史色彩发展脉络;确定城市主色调及主要代表性区域,鼓励其他地区创造新的多彩的哈尔滨;拿出一个导引性文件,把规划设计、审批、验收、环境整治统一在一个控制系统。

（二）哈尔滨城市色彩规划原则

1. 注重历史文脉的延续性

哈尔滨市的城市色彩受传统建筑文化的影响较大,在特定的传统风貌区初步形成了以明快的暖色调为主的色彩体系。因此,在色彩规划中应予以进一步继承和发扬,使之逐步形成哈尔滨的色彩风格。

2. 适应冬季城市的气候特点

由于哈尔滨市冬季环境色彩单调沉闷,草木枯萎、气候寒冷,城市笼罩在一片没有色彩的灰蒙蒙之中。因此,应选择暖色调为主的色彩体系,使冬季城市亮丽起来,同时可将各种浓郁艳丽的色彩统一于整体色调之中,使环境既统一又显俏丽,让人们的冬季生活在生动活泼的氛围中度过。

3.突出时代性与现代感

随着科学技术的飞速发展,新型建筑材料不断应用于建筑设计中,要求城市建筑色彩在与整体环境色彩相协调的前提下,适当改变明度及饱和度,以增强时代感,丰富科技内涵。

(三)哈尔滨城市色彩规划对策

1.建立"色彩设计专篇"体系

由于城市色彩属于定性控制范畴,尤其对于生活在现代城市中的人们,仍然愿意生活在一个多彩的世界里,因此在统一协调的环境里并不排斥点缀色的出现,为更好地使建筑师发挥更大的想象空间,也使审批者能与建筑师共同思考建筑色彩方案的可行性,本规划参照目前已有的报建图中"防火专篇、卫生专篇"等的做法,提出"设计构思与色彩设计专篇"的构想,在建筑设计报方案过程中加入专项说明,更好地将设计构思与色彩融合。同时,便于管理部门不断完善城市色彩,对点缀色以单项批准的形式予以控制。

2."色彩设计"增加针对性

经调研,市民在城市色彩方面,还是追求"丰富为主"的。只有文化层次达到一定水平后,才会以"追求特色"为主。故此,城市"色彩设计"应有一定的针对性,对有一定历史遗存的街道,以突出特色为原则,如:大直街色彩设计应以突出沿街的历史建筑本色为切入点,其他建筑只起辅助和背景色的作用。较少采用色彩穿插效果,而无历史建筑的街道又分为两类:一类为新建建筑街道,通过"色彩导引"进行控制;另一类为旧有建筑较多的区域,色彩设计应体现"纹理"效果,打破现有粉饰方式,如采用"对比方式""水晕法"等。

3. 提出"色彩设计导则"

通过一定的"城市建筑色彩设计导则"是维护原有历史风貌，创造新时代风貌的有效手段，色彩设计导引以对建筑主墙面引导关系的控制为重点，适当兼顾城市外环境中的实体色彩，灯光色彩等。重点控制区单独编制"色彩设计专项规划"，建立色彩整治项目库。

由于重点控制区在城市色彩印象中的重要性，应根据其在城市文化与功能中所处地位与作用，明确色彩设计主题性及节点划分如红军街——中山路，红军街路段，历史建筑较集中，博物馆地段，周边历史建筑与现代建筑呼应明显；工人文化宫——省政府段近代建筑较集中；从珠江路开始现代建筑较多，类似巴黎的香榭丽大道，从凯旋门到卢浮宫是历史区，从卢浮宫到拉德芳斯新区则反映了从历史到现代的发展。因此红军街——中山路的色彩设计应体现历史——近代——现代的发展脉络，并据此提出专项的色彩规划。其他区域如大学区、办公集中区等均有此类特点。建议在色彩重点控制区设立色彩设计项目库，综合从色彩、环境、建筑风格方面提出专项规划。

回想起来，从 2002 年哈尔滨城市色彩规划的最初提出，到今天也有十多年的历史了。在过去的十年里，哈尔滨的城市面貌发生了很大的改观，城市建筑形态设计也更加趋于多元化。虽然由于种种原因，哈尔滨城市色彩规划最终成果的实效性并不尽如人意。但是，在"多彩哈尔滨"这一城市主导色彩倾向的指引下，人们已然认识到了城市色彩文化特色的重要性，并且对哈尔滨城市主导色彩的确定也有了更进一步的理解与认识，这些成果都或多或少地促进了城市环境的改观和品质的提升。我们坚信，城市色彩环境的塑造绝非一日之功，特色鲜明、协调有序的城市色彩环境营造，还有更多的工作要去完成。这些图片反映了哈尔滨近十年来，具有典型代表意义的城市色彩设计方案，我们想通过这些设计方案的色彩意象，向人们展示设计师为创造"多彩哈尔滨"

这一理想目标所作的不懈努力。

三、平顶山市

（一）平顶山城市色彩规划背景

在经济全球一体化的今天,人们比以往更加关注自身特色的创造。在物质环境求同的同时,追求"特色"也成为许多城市增强自身实力的有效手段。平顶山是河南省重要的资源城市,在50年的发展历程中,城市建设取得了巨大的成就,城市规模与形象已经发生了很大的改观。但是,和中国很多城市所面临的困难一样,平顶山也面临着打造自身特色的问题。如何通过城市现状一些要素,从城市规划与城市建设角度再现平顶山历史文化,利用当代科技所带来的便利,向世人展示一个古老而年轻的平顶山市,就成为当代城市建设的重要内容。而城市作为城市物质文化最直接的载体,是体现城市独特魅力最有效的手段。建筑是城市环境的基本构成的单位,城市的环境特色往往是通过形象特色体现出来的。

城市与城市建筑不能无限制的自由发展,要想建设具有艺术感的城市,就必须在建设之前对城市建设中可能遇到的各种问题进行统一规划,其中,展现城市形象的一个重要方面便是城市的建筑特色与色彩。本规划旨在通过对平顶山市建筑色彩进行统一规划,力争在宏观层面对平顶山市城市建筑色彩提出控制与指导性意见,积极利用城市中各种要素,使平顶山市的城市建设能够有计划、有目标、有内涵地持续发展,创造良好的城市生产、生活、投资、旅游环境,实现城市形象的创新并以此带动城市经济的发展。

（二）平顶山城市色彩定位

正如平顶山这个城市的名字所表现的那样,山峦叠嶂的自然景观造就这座城市不同寻常的环境特质,而悠悠东流的湛河,又如同城市的一条美丽的腰带。蔚蓝的河水,翠绿的山岗,是城市景观环境的最大背景,也是人们关于平顶山印象最直接的感受。对于城市的这一外部环境,我们所要做到的就是严格保护,协调城市建筑色彩与外部环境色系的相互关系。

平顶山是一座中原城市,虽然它的历史与河南省的其他城市比较起来,相对较短,但是其所处的区域环境,还是使得这座城市,具有典型的中原城市文化的特点。因此,我们在确定平顶山市城市主导色系的时候,考虑了城市自身所处的自然地理和人文地理环境,重点考虑了黄色系颜色的特征。此外,平顶山还是一座资源型城市,煤炭工业作为城市的主导产业,对城市的经济发展产生了深远的影响。因此,我们在黄色系的基础上,加入深色系,以增加整体颜色体系的深沉感。最终,以黄褐色为主导的颜色系,被我们确定为平顶山市建筑的主导色系。

从平顶山未来的发展趋势看,新城的开发和建设将成为平顶山城市建设的重要内容,而新城建设的最终结果,也必将对平顶山的整体城市环境产生深远的影响。因此,在"平顶山城市色彩规划"中,我们对城市新区的建筑色系进行了重点的研究,最终结果是在新城区不明确提出主导色系,而是要以色调的控制为主,即控制建筑的颜色度,以灰色调作为新区未来发展的主导控制手段。

城市的色彩规划其最终目的在于展示城市特色,塑造宜人的城市物质环境。

在我们看来,平顶山城市色彩规划的最高目标就是达到一种人与自然的高度协调,打造和谐的城市景观。在整体统一的原则下,城市色彩对比鲜明,协调有序。试想一下,华灯初上,月映江桥之时,代表祥和的白龟在水中悠然自得,将是城市新的胜景。

第四章 "一带一路"倡议下的
中国城市文化构建

在城市公共空间中要完成一系列活动,首先要解决的是城市空间形态的认知特征。一个没有"可识别性"的形象,无论怎样的形态都无法赢得公众的青睐,原因在于公众没法在不同空间形态中寻找识别出具有文化意义吸引力的形象来。

第一节 智慧型城市与全球化

一、全球化过程中的城市

城市在经济全球化的过程中具有核心作用,把城市引入到经济全球化的分析中,有助于我们再概念化经济全球化的过程,同时,尽管全球化确实影响了农村,但是全球的力量主要还是集中在城市。例如,城市周边地区向城市提供劳动力、物质和技术等基础条件。

社会经济中的各类要素都与全球化的进程密切相关,而城市作为一个场址则承担着将这些要素与全球化过程联系起来的节点作用。也应看到,对城市本身的分析实际上是在把民族国家的领域进行分解,至少在经济领域上是这样。

城市在经济全球化中发挥着巨大的作用,而这种作用的发挥是建立在城市与其他城市共同组成的全球城市体系的基础之上的,城市不仅与全球经济网络发生关系,而且这种关系的产生也同样来自于全球城市体系,城市与城市之间的相互作用不仅建构了经济网络,而且其本身又改造着城市的体系结构,使每个发生作用的城市自身在此建构的过程中进行着重组。

全球城市网络的形成还表现在城市本身的职能构成和城市体系的结构特征上。在过去的城市中,城市的经济结构是以经济活动的部类来进行划分的,在每个部类的经济活动中从管理到生产都在一个城市或地区内进行,每个城市担当着其中某个或多个部类的经济活动,因此形成了诸如"钢铁城市""纺织城市""汽车城市"等城市类型。

随着经济全球化的进程和经济活动在城市中的相对集中,城市与附近地区的城市之间、城市与周围区域之间原有的密切关系也在发生着变化。每一个城市的联系范围在扩大,即使是一个非常小的城市,它也可以在全球城市网络中建立与其他城市和地区的跨地区甚至是跨国的联系,它不再需要依赖于附近的大城市而对外发生作用。从这样的意义上讲,任何城市都可以成为建立在全球范围内的网络化联系的城市体系中的一分子。

随着经济全球化的不断推进,全球城市或世界城市就成为了全球化研究的重要领域,尽管全球城市的名称出现是新近的事情,本章对此将进行一些论述。全球城市或世界城市这样一些功能的发挥是建立在经济全球化基础之上的,而且可以被称为全球城市的数量也不仅仅只限于纽约、伦敦和东京。还有巴黎、法兰克福、苏黎世、阿姆斯特丹、洛杉矶、悉尼、香港等。这些城市之间高强度的相互作用,特别是通过金融市场、服务性贸易和投资的迅捷增长,并因此而构成秩序。

二、智慧型城市理论

(一)新公共建设理论

新公共建设理论也称"企业化政府理论""企业家政府理

论""市场导向的政府建设理论",是20世纪80年代以来在全球范围内兴起的一种新型政府建设理论,其核心观点是将市场竞争机制引入公共服务供给之中。新公共建设试图摆脱传统行政建设对科层体制的倚重,转而通过经济学途径提供公共服务。新公共建设理论主张,政府应像企业一样运作,采用企业建设的方法和技术,以企业精神改革政府部门。

20世纪70年代末,面临经济滞胀、财政危机、信任危机和全球化的挑战,西方发达国家掀起了行政改革运动,城市建设也不例外。在美国,由于经济状况不佳,联邦政府对城市的财政援助明显减少,城市在财政预算上面临艰难抉择。市民期望政府提供更多的公共服务,但却不愿意增加税收。面对财政约束,城市政府不得不"少花钱,多办事",努力降低成本,削减支出和服务项目,提升生产力。于是,引入市场机制逐渐成为公共服务供给的一种政策选择。

在此背景下,一些改革者提出"重塑政府"(reinventing government)口号,激起广泛的社会反响。其中,最具代表性的是记者戴维·奥斯本(David Osborne)和城市经理特德·盖布勒(Ted Gaebler)撰写的《重塑政府:企业精神如何重塑公营部门》①。该书以易于阅读、易于理解、易于接受的方式,集成大量学术观点和实践经验,提出了重塑政府的十条原则(表4-1),出版后获得了空前成功。重塑政府的基本主题是"政府应多掌舵少划桨",它呼应了后凯恩斯主义和新保守主义的国家治理基调,为缓和财政危机、削减财政开支、改善城市服务提供了建设战略。

表4-1 重塑政府的十项原则

序号	基本导向	重塑原则
1	起催化作用的政府	多掌舵少划桨
2	社区拥有的政府	授权而不是亲自提供服务
3	竞争性政府	把竞争机制引入公共服务供给之中

① David Osborne and Ted Gaebler. Reinventing Government: How the Entrepreneurial Spirit Is Transforming the Public Sector(Reading. Mass. : Addison-Wesley, 1992).

续表

序号	基本导向	重塑原则
4	有使命感的政府	扭转照章办事的组织形态
5	讲究效果的政府	按绩效而不是按投入拨款
6	受顾客导向的政府	满足顾客的需要而不是官员的需要
7	有企业家精神的政府	收益而不是浪费
8	有预见性的政府	预防而不是治疗
9	分权的政府	从层级制到参与合作制
10	市场导向的政府	利用市场力量进行行政改革

继 1992 年出版《重塑政府》取得成功之后,1997 年,戴维·奥斯本和彼得·普拉斯特里克出版了《摒弃官僚制:重塑政府的五项战略》①。该书提供了五项重塑战略,分别是核心战略、结果战略、顾客战略、控制战略和文化战略。

作为对"重塑政府"运动的学术回应,行政建设学者创造了"新公共建设"这个新术语,现在这个新概念已被普遍接受并得到广泛运用。②新公共建设理论凸显了市场机制的作用,其理论基础是"新保守主义经济学"③。新公共建设在恪守公共服务核心价值的同时,吸收了企业建设奉行的顾客至上、绩效建设、目标建设等价值理念,强调责任制、结果导向和绩效评估,关注顾客(公民)、产出和成果。

(二)绩效建设理论

绩效建设也称结果导向型建设,它是根据效率原则及其方法,通过持续的绩效评估和追踪来测量组织和个人履行既定职

---

① David Osborne and Peter Plastrik. Banishing Bureaucracy: The Five Strategies for Reinventing Govemment(New York: Plume, 1997).

② Christopher Hood. A Public Management for All Seasons. Public Administration 69(Spring 1991): 3 ~ 19.

③ Jeff Gill and Kenneth J. Meier.Ralph's Pretty—Good Grocery versus Ralph's Super Market: Separating Excellent Agencies from the Good Ones.Public Administration Review 61 (January ~ February2001): 9 ~ 17.

责、完成既定目标的状况。

绩效建设坚持结果为本,其基本流程包括五个环节:部门目标——工作分析——绩效指标——绩效评估——绩效追踪。其中,绩效评估在绩效建设中居于核心地位,它对于提升公共服务质量具有重要意义。为了进行绩效评估,建设者需要建立绩效目标,设计一套衡量目标实现程度的绩效指标体系。为了改进组织绩效,还必须对绩效状况进行持续的监测、记录和考核,即进行绩效追踪。

绩效建设注重进行成本—收益分析,以绩效评估作为安排财政预算的基本依据。它通过设立独立的绩效评价机构,设置合理的绩效评价体系,定期公布绩效评价报告,促使各部门改进建设方式,强化质量控制,降低行政成本,提高行政效能,保持高效运作,持续回应并满足社会需求。传统上,公共服务建设缺少独立的绩效评价机制,各街乡和委办局主要通过自我评价的方式进行绩效评估。它不仅降低了绩效评价的约束效果,而且助长了预算导向型政绩观——以财政预算作为衡量绩效状况的基本依据。结果是,各个部门都奉行预算为本,努力扩大财政预算基数,只要能争取到更多的项目和预算,就被认为是业绩突出。

绩效建设对于提升城市建设水平的驱动作用,就在于它改变了各部门自我评价模式,引入了独立的绩效评价机制,完善建设信息系统和绩效评价指标。强化绩效评价功能,需要设置独立的绩效评价机构,开发绩效评价指标体系,实现建设、执法职能与监督、评价职能相分离。科学的绩效指标体系,建立在对各部门、各机构的基本职责进行工作分析的基础之上,可通过问卷、访谈、观察、经验总结等方法,提出和完善绩效指标体系。绩效评价机构依靠信息建设系统积累的统计信息,定期(每周、每月、每季、每年)发布各部门的绩效报告,对各部门的绩效状况进行评价。

绩效评价为城市建设提供了重要控制机制,是实施跨部门建设的重要手段。随着绩效报告的权威性和公信力不断提升,它会产生强大的内在驱动力,促使各部门主动改进工作,增强回应性,提升绩效状况。实施绩效建设,强化绩效评价功能,还需要健全激励约束机制,依据绩效评价的不同结果,分别给予相应的奖惩、晋升或责任追究,促使组织和个人沿着预设的绩效目标努力工作。

(三)无缝隙政府理论

无缝隙政府(seamless government)理论由美国学者拉塞尔·M.林登(Russell M.Linden)首先提出,所谓无缝隙政府其实就是一种公民导向的组织结构体系,是一种公民社会政府再造理论,旨在提供多元化服务,并以整体而非各自为政的方式提供服务。在无缝化建设体系下,政府以整体团队的方式与公众接触,不得互相推诿扯皮,不得踢皮球。这样,政府内部各部门之间过去的壁垒变成了相互补位的网络体系。

从专业化建设走向无缝化建设,需要实施行政流程再造。行政流程再造,就是以满足公众需求为导向,重新设计行政业务流程,以降低行政成本,提高服务质量,提升政府回应性和问题处置能力。在我国行政体制环境下,地方政府自身难以推动行政改革。鉴于现实的体制约束,行政流程再造也就成为地方治理创新的有效工具之一。无缝隙政府理论主张,以顾客导向、竞争导向、结果导向为流程再造的基本诉求。

顾客导向是工商建设的一个概念。无缝隙政府借用了这个词汇,公共建设的顾客就是公众,他们是公共产品和服务的接受者和使用者。顾客导向要求政府要像工商建设部门对待顾客那样去对待公众,以公民需求和满意度作为建设的基础,直接与公民互动,了解并汇集公民的相关信息和需求,据此改进社会建设和公共服务。

过去,政府改革主要是精简机构和人员,行政改革过程中的"减员增效"之风盛行。然而,"减员"以后却不一定能够"增效",行政部门依然存在官僚主义问题,忽视公众需求,缺乏竞争力和活力,行政成本也居高不下。无缝隙政府理论提出,改革政府不仅是简单的人员精减和机构重组,更重要的是引入竞争机制。当然,掌握公权力的政府不能像企业那样完全以竞争为导向,但在市场经济环境下,公共服务可以引入市场机制。允许和鼓励社会组织、民营企业参与和提供公共服务,在公共机构与社会组织、民营企业之间展开竞争,可以更有效地提供公共服务。

传统政府建设注重层级节制,部门运作以职能为导向,各机构关注法定职责定位,但对公众满意度却不够重视。随着人们对政府服务在速度、质量、多样性和便利性上的要求越来越高,按照部门和职能分工的传统体制显然难以满足需求。无缝隙政府以结果和产出为导向,强化绩效评价,并将绩效与预算挂钩,于是,政府部门也开始引入并实施全面质量建设、绩效建设、团队建设等方法。一旦部门领导人重视结果,并以改进绩效为导向开展工作,公务员就会增强责任意识,从而改变事前谨慎、事后敷衍的通病,致力于增强回应性,提高行政效率。

总之,无缝隙政府以满足公众的无缝隙需要为目标,通过流程再造和绩效评价来提升公共服务水平。无缝隙政府不是要全盘推翻现行行政流程,而是要改革不合理的行政流程,并对关键节点进行质量控制。无缝隙政府不再以部门、职能为导向,转而以公民需求为导向、以结果为导向、以竞争为导向,政府的每一项资源投入、人员活动和服务供给,都要着力于有效满足公众需求。

（四）公共治理理论

公共治理理论的基本观点是,政府不应垄断公共事务建设权,实现善治的根本保障是公共建设主体多元化。在传统行政理论看来,政府是公共建设的唯一主体,公共服务由政府独家承担责任。政府不仅负责建设和决策,而且亲自提供公共服务。其结果是,政府部门下设有大量事业单位,社区组织也变成了政府的"腿"。这种政府部门既"掌舵"又"划桨"的做法,实际上就是既当裁判员又当运动员,它不仅降低了公共服务供给效率,而且存在与民争利、腐败和分配不公等问题。

由于传统行政理论存在缺陷,20 世纪 80 年代以来,行政学界开始思考如何重塑政府,各国政府在实践上也启动了政府治理改革。在此背景下,公共治理(public govemance)理论逐渐流行起来。公共治理理论认为,政府并不是唯一的公共建设主体,社区组织、社会团体和企业都可以参与其中。在治理理论看来,政府的核心职责是"掌舵"而非"划桨"。公共服务的生产工作,应尽可能发挥合作生产和社会协同的作用,调动私人部门、社会团体和社会单位参与进来。

今天,公共治理和治理变革已经成为政府建设的新理念。公共治理与传统行政建设的区别,主要表现在:

(1)建设主体不同。公共治理主体具有多样性,它既包括政府机关,也包括私人部门和非营利机构,现代社会的治理主体还包括国际组织;而行政建设以政府为唯一的权威性主体。

(2)建设手段不同。公共治理的手段既包括控制和命令,也包括对话、互动、协商和合作,而行政建设主要依赖于行政控制和命令手段。

(3)运作方式不同。公共治理实行"自上而下"指挥与"自下而上"参与相结合,而行政建设主要通过"自上而下"途径进行单向度建设。

公共治理理念对于重塑政府具有重要价值。由于存在"市场失灵"问题,政府有责任承担公共产品和公共服务供给责任。但需要区分"掌舵"职能与"划桨"角色。[1]"掌舵"涉及建设决策,包括提供什么服务、提供多少、质量标准,以及服务监督等,必须由政府负责。而"划桨"既可由政府和公营部门承担,也可通过各个部门与私人部门合作(简称PPP)方式,由企业和社会组织生产并提供服务。例如,政府有责任建设市容环境,但不必亲自"划桨",可通过合同外包、政府补贴、志愿服务等方式,由物业公司、保洁公司、社会单位、志愿者承担维护任务。

---

① 奥克森著.治理地方公共经济 [M].万鹏飞译.北京:北京大学出版社,2005.

三、智慧型城市建设的技术

（一）地理信息系统（GIS）

地理信息系统是将计算机图形、图像和数据库、多媒体融为一体，储存和处理空间信息的高新技术。它把地理位置和相关属性有机结合起来，借助独特的空间分析和可视化表达，进行辅助决策，满足政府建设、企业经营、居民生活对空间信息的要求。GIS 的上述特点使之成为与传统方法迥然不同的先进手段，在区域规划、产业布局、市政建设、交通监测、环境评价、景观设计等方面发挥了重要作用，同时也是各政府部门电子政务建设中的核心内容与手段。

GIS 技术能够最大限度地利用现有资源达到支持各部门的合作之目的。全世界数以百计的城市利用 GIS 这一工具，成功解决了所面临的各式各样的问题。

GIS 软件是建立、编辑地理数据，并对其进行空间分析的工具集合。这些工具可以帮助政府部门完成各种工作，包括批示申请、应急反应、设施建设、规划、预算、决策等。

许多政府部门已经认识到了 GIS 软件在数据集成和提高日常工作效率方面的价值。GIS 在拓扑数据模型的基础上，可灵活地集成其他类型的数据，例如光栅图像、扫描文档和 CAD 图形。GIS 软件能在一个连续无缝的方式下建设大型的地理数据库，这种功能强大的数据环境允许集成各种应用。最终用户通过 GIS 的客户端软件，可直接对数据库进行查询、显示、统计、制图及运行空间分析。

（二）宽带城域网（MAN）

城域网在内容上已远远超越了其原有的定义：以宽带传输为开放平台，提供话音、数据、图像、多媒体、IP 接入、各种增值业务及智能业务,并与其他网络实现互联互通。作为覆盖城市所有范围、为全市各类用户提供宽带接入的数据通信网络,宽带城域网近年来得到了快速的发展。各地纷纷上马基于不同技术平台的城域网,其接入方式多种多样,已开发和待开发的业务种类繁多,宽带城域网运营商从规模竞争转向全业务运营竞争和效益竞争。

由于动态包交换技术(DPST)的出现,IP 网络已成为宽带多媒体光纤网的新宠,其传输速率可达 Gbps 以上。通过光纤可完成千兆以太网到桌面的布线系统。无线局域网、无线城域网、移动互联网等受到广泛重视。HFC 技术和顶置盒的结合、新型嵌入式系统等使网络技术正在向家庭发展,正在完成它"最后一米连接"的使命。

(三)数据库技术

随着时间的推移,数据库技术取得了长足的发展,主要包括查询优化、对象关系数据库系统、数据复制和数据并行处理等(图4-1、图 4-2)。

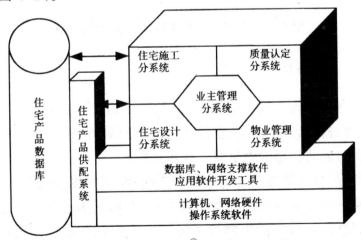

图 4-1 住宅 CIMS[①] 工程的总体结构

---

① CIMS——computer Integration Manufacture System,计算机集成制造系统。

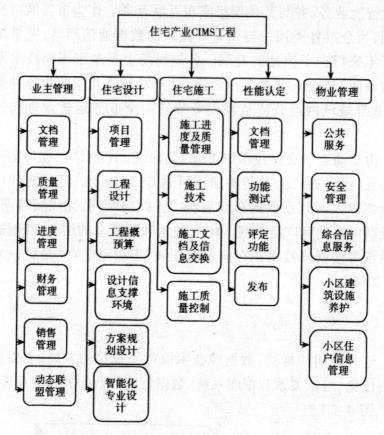

图 4-2 住宅 CIMS 工程的总体功能模型

（四）遥感技术（RS）

遥感是在远距离空间平台上，利用可见光、红外、微波等探测仪器，通过摄影、扫描、感应、传输、接受或处理技术，从而识别物体性质和运动状态的地空复合技术系统。

当前，对地观测技术即将实现多时相、多角度和高分辨率化，米分辨率的商业卫星已开始销售卫片，并将成为建造数字建设的主要信息源。数字摄影测量系统与地理信息系统一体化将是数字建设的主要特征。航天航空信息内容丰富、影像直观、现实性好、更新速度快，根据遥感信息，可以制作数字正射影像，建立地面数字高程模型，自动识别地面目标及其性质等，这将成为数字建设的空间信息和部分属性信息获取的主要手段。目前航天遥感影像的长线阵 CCD 成像扫描仪可达到 1 ~ 2m 的空间分辨率，可以看到城市建筑、道路、车辆等。成像光谱仪的光谱细分可达到 5 ~ 6nm 的水平，能自动程度较高地区分和识别地面目标的性质和组成成分。卫星遥感覆盖的重访周期目前可达 15 ~ 25d，将来利用小卫星群，其周期可缩短至 2 ~ 3d，从而保证了信息的现实性。多波段、多极化方式的雷达卫星，可以克服雨雾、黑夜的影响，实现全天候、全天时的对地观测。航空遥感空间分辨率更高，其影像信息可制作 1∶2000 甚至更大比例尺的正射影像图和建立地面数字高程模型。近景摄影测量能够近距离拍摄城市建筑景观、提取纹理，成为城市三维模型的主要信息来源。

（五）全球定位系统（GPS）

全球定位系统是目前最成熟且已真正应用的卫星导航和定位系统。它汇集了当代最先进的空间技术、通信技术及微电子技术，以其定位精度高、可全天候获取信息、仪器设备轻巧、价格相对低廉等诸多优点而被世人瞩目。GPS 共包括三部分：一是空间部分，由运行在 6 个轨道上的 24 颗卫星组成；二是控制部分，包括设在美国科罗拉多州的主控制站和 5 个分布在各地的检测站，主要任务是对系统工作进行建设、监测和控制；三是用户终端设备，包括 GPS 接收机、显示器等。

GPS 的技术应用范围已从传统的测量及军工领域渗透到许多崭新的行业：通信行业用做时间同步；电力、电视、地下管道用于布设线路；交通、运输部门营建 ITS 系统和监控系统；公安、银行、医疗、消防等营建紧急救援或报警系统；汽车、船舶用于定位导航；空间数据提供商用于采集地理相关数据信息并提供位置服务（LBS）；广播电视行业用于制造卫星电视定向接收天线；在电子商务领域，卫星导航定位技术用于 CRM 客户建设和物流配送体系；电脑制造商、通信设备商正在推动通信、电脑、卫星导航定位接收器一体化的各类移动信息的终端应用。

（六）虚拟现实技术

数字建设具有空间特性，也具有时间特性。在空间上描述城市自然和人工景观的空间位置和几何形态，在时间上描述城市变化。虚拟现实技术能从不同位置、不同角度、不同时间观察城市，给人提供身临其境的感觉。目前的数字摄影测量技术，能够通过航空或地面拍摄照片来构造立体模型，通过人造视差方法，构造无缝拼接、可量测的城市虚拟立体模型。

城市仿真就是虚拟现实技术具体应用于城市。它主要具备以下特点：良好的交互性，任意角度、速度的漫游方式，可以快速替换不同的建筑；形象直观，为专业人士和非专业人士之间提供沟通的渠道；由于采用数字化手段，其维护和更新变得非常容易。仿真系统可利用地理信息系统的数据生成三维地形模型，再利用卫星影像和航空影像作为真实的纹理贴图。

（七）城市智能交通系统

智能交通系统对城市道路信息包括道路状况、道路标记、收费地点和停车场、桥梁隧道和加油站等附属设施，以及突发事故信息，实时准确地发布，引导用户选择最佳交通方式及路线，保证交通运输持续高效地运转。通过合理调度交通流量，消除道路堵塞，建设良好交通秩序，减轻环境污染；提高行车安全，减少行驶时间。

智能交通建设控制中心自动进行交通疏导控制和事故处理，随时掌握车辆的运行情况，高效、科学地进行调度与安排。通过应急探测与建设系统，可对突发事故和道路状况做出实时的分析判断，并将记录反馈到控制中心，使事故迅速得到处理。通过对地面交通、地下交通和空中交通进行全程监控，保证城市交通的全面畅通（图4-3）。

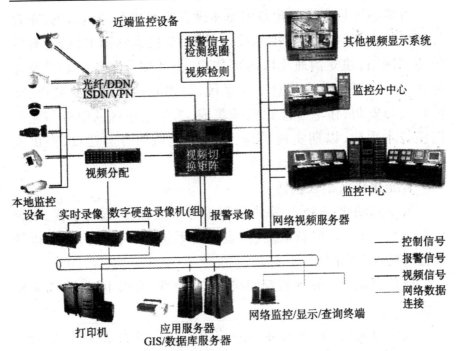

图4-3 数字城管车辆监控网络指挥系统

智能汽车的自动驾驶技术具有障碍自动识别、自动报警、自动转向、保持车距、保持车速和巡航控制功能。安装在车身各部位的传感器、盲点监测器、微波雷达、激光雷达、摄像机等设施由计算机控制,在易发生危险的情况下,随时向司机提供必要信息,并可自动采取措施,有效地防止事故发生。车内存储有相关信息参数,当监测到这些参数发生变化、超过某种安全极限值时,它就会向司机发出警报,采取相应措施,预防事故的发生。

（八）智能楼宇与智能小区（IBS）

智能建筑是能将建筑物中用于综合布线、楼宇自控、计算机系统的各种相关网络系统及其功能设备,优化组合成满足用户功能需要的完整应用体系。它充分融合建筑、控制、信息、人工智能等先进技术,提供高效、舒适、便利、安全的建筑环境,实现建筑价值的最大化。智能建筑一般由楼宇自动化系统（BAS）、办公自动化系统（OAS）、通信自动化系统（CAS）三大系统组成。

智能小区是在智能建筑的基本含义中扩展延伸出来的,是在计算机技术、通信技术、控制技术及 IC 卡技术基础上,通过有效的传输网络,建立沟通小区内部住户、小区综合服务中心以及外部社会的多媒体综合信息交互系统,将多元信息服务与建设、物业建设与安防、住宅智能化系统集成,为住宅小区的服务与建设提供技术手段,以期实现快捷、高效的超值服务与建设,提供安全、舒适的家居环境(图 4-4)。

智能化住宅小区包括:

安全自动化(SAS):室内防盗报警系统、消防报警系统、紧急求助系统、出入口控制系统、防盗对讲系统、煤气报警系统、摄像监控系统、巡更系统。

通信自动化:数字信息网络、语言传真、有线电视、公用天线系统。

建设自动化(MAS):水、电、煤气的远程抄表系统、停车场建设系统、供水与供电设备建设系统、公共信息显示系统。

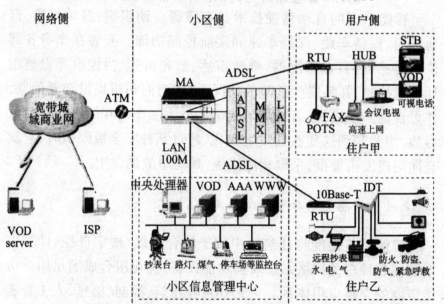

图 4-4　智能小区综合建设服务系统

（九）城市智能卡技术（IC）

IC卡的广泛应用已成为城市信息化建设的一大热点,以智能卡为基本工具的城市,IC卡数字网络工程正在蓬勃发展之中。

在"城市通卡"工程项目中,发行IC卡作为信息的载体和接口,建立城市公共事业建设信息平台。将生活信息和消费信息,通过使用IC卡进行数字化记录,反映到相关信息系统中,在完成业务处理的同时,大量的信息汇总勾画出城市的生活脉络,为城市中的个人、企业及城市建设者的活动决策,提供了有力的分析基础和指导依据。

（十）城市位置服务系统（LBS）

城市位置服务系统是指通过移动终端和移动网络的配合,确定移动用户的实际地理位置并进行增值服务的一种移动通信与导航相融合的服务形式。

LBS服务有多个相关系统,包括蜂窝网络与基站、动态输入数据、地理资源库、移动用户终端、定位接口、GPS等。LBS将卫星导航、移动通信和互联网融合交会起来,形成一个独具特色、前景无限的新兴产业。

手机、PDA都可成为LBS用户终端,它要求有完善的图形显示能力、良好的通信端口、友好的用户界面、完善的输入方式。

（十一）城市现代物流建设系统（Logistic）

现代物流是指根据顾客要求,实物产品从生产、仓储、运输到销售、配送、服务的流通过程,这一过程也包括有关实物产品信息的传递。现代物流利用互联网技术来完成物流全过程的协调、控制和建设,实现从网络前端到最终客户端的所有中间过程服务,其特点是实物流与信息流同时在系统中流动,物流成为一种用信息技术为消费者提供低成本服务的活动。高效的物流信息网络可有效组织产销环节,将必要的货物,按必要的数量,以必要的方式,在必要的时间,送到必要的地点。供应链上的贸易伙伴都需要这些信息以便对产品进行发送、跟踪、分拣、接收、储存、提货以及包装等。现代物流涉及多个行业和部门,以信息为纽带,有利于促进建立行业、部门之间的有效协同工作机制。

现代物流能实现企业之间、企业消费者之间的资金流、物品流、信息流的无缝链接,同时还具备预见功能,最大限度地控制和建设库存。由于现代物流全面应用了客户关系建设、商业智能、计算机电话集成、地理信息系统、全球定位系统、无线互联技术等先进的信息技术手段,以及配送优化调度、动态监控、智能交通、仓储优化配置等技术手段和建设模式,使企业获得了建立敏捷的供应链系统必需的技术支持。

（十二）城市公共呼叫中心（Call Center）

最先建立呼叫中心的是电信部门、民航部门,如 114、117、129、122、168 以及民航电话售票等。但这些应用多处于分散、单一功能阶段。随着城市机构改革的深入、服务意识的加强、信息化程度的提高,呼叫中心被引入政府机关,在民政、公用事业、卫生、旅游等部门,成为联系群众、排忧解难、紧急救援、指导行业发展的重要手段。

城市公共呼叫中心平台是集呼叫转接分流、信息查询、业务受理、客户投诉、客户回访与主动呼出、外包业务、增值业务服务为一体的多媒体呼叫中心。它采用 CTI 技术并充分使用企事业单位现有的各专业呼叫中心,将自动语音查询、人工服务、互联网、信息资料处理紧密结合起来,提供全天候 24 小时不间断服务。客户可以利用电话、传真、手机、电子邮件、互联网、短消息等方式向本公共呼叫中心请求相关服务。该系统由以下部分组成:智能网络（IN）、自动呼叫分配（ACD）、交互式语音应答（IVR）、计算机电话综合应用（CTI）、主计算机系统、来话呼叫建设（ICM）、去话呼叫建设（OCM）、集成工作站、呼叫建设（CMS）、劳动力建设(WFM)、呼叫计费、壁板显示等。

未来几年内,我国的呼叫中心行业将以每年15%的速度增长,更多的政府机关部门选择租赁外包式呼叫中心运营商的服务来实施呼叫中心,为其客户提供更为优质的服务,同时降低建设运营成本。

四、北京市数字化城市建设实践

前文我们提到,中国的数字化城市建设采用了三批次的试点探索,那么在这些探索的基础上实现的城市数字化建设又是一个什么模样的状态呢? 对中国其他城市建设来说的借鉴意义又在什么地方? 在这节找几个国内数字化城市建设的典型案例进行重点探讨。

（一）东城区数字化建设模式

北京市东城区是北京市的中心城区,著名的天安门广场、王府井商业大街就坐落在这里。21世纪以来,东城区发生了翻天覆地的变化,但是城市的建设信息输送滞后、城市的建设也被动后置,政府的建设不到位,部门职责模糊、职能交叉,建设方式粗放等多种社会问题广泛存在。直接影响到整个城市的运转以及市民的生活水平。因此,东城区开始从更新城市方面的建设理念着手,设计并逐步实施了一套全新的城市建设模式——万米单元网格城市建设模式(简称东城模式)。这种建设模式的首创时间是2004年10月,依托于现代信息建设技术,实现了东城区的市内建设空间细化以及建设对象精确定位。

东城区探索与实施的万米单元网格城市建设新模式,标志着数字化城市建设模式开始登上中国城市建设的舞台。东城模式的开展实施,立即受到全社会的关注,同时也获得党中央、国务院及国家相关等部委的肯定,除此之外,北京市的领导以及有关的专家学者也给予了充分肯定与支持。

1. 万米单元网格建设

东城区采用 100 ㎡ × 100 ㎡ 的基本单元划分,对东城辖区进行全时段监控。通过这一模式的建设,东城顺利完成了空间建设上的精细化,将过去由十几人来建设 $2 \sim 5km^2$ 的区域变为现在只需要 1 名监督员即可建设,并且还把建设的区域范围扩大到现在的 18 万㎡,同时还把建设层面的责任制做了重大调整,即由过去的三级的责任人制变为了四级责任人制。

2. 城市部件建设

即运用现代的地理编码技术,通过网格化的城市建设信息平台对所在城区加以分类建设。东城区将 168339 个部件分为 6 大类 56 种,并建立了 8 位的代码,设计出相应的图例,将所有的部件依据实际的位置加以定位标注,建立了属性信息数据库与地理编码数据库。

这种方法为建立城市的建设对象提供了一定的方式方法,为城市的多个建设领域的拓展应用提供了可延伸的地理空间。

3. 信息采集器——"城管通"

这种采集器其实是一种利用无线网络的工作系统。其工作的原理是用手机作为原型,对现场的信息进行实时地采集、定位和传送。这种工作系统的好处就是集接打电话、短信群呼、表单填写、地图浏览等多项功能于一体,实现信息的实时传送。

监督员可以运用"城管通"把在现场第一时间采集到的建设问题的图片、表单、位置等快速地发送给城市监管中心,以此来实现对城市监督员工作的监督与建设。

4. 两个"轴心"的建设体制

东城模式的建立主要是为了解决东城的问题而建设的,如监管不分、缺乏统一协调等,这种管理模式将监督轴与指挥相分离的双轴化新型城市建设体制。

监督轴其实最主要的是负责城市的建设监督和评价,并设置专门的建设机构,对城市中出现的问题巡查、上报与立案;指挥轴主要是作为区政府主管城市的公用事业、城市环境的综合建设部门,统一调度分散在城市中的各个部门中的市建设资源与执法力量,让各个部门之间能够协调解决城市建设工作。

两个轴心的制定,实现了城市各个建设部门各负其责、相互制约的良好效果。通过对建设资源的整合,克服了各部门间建设交叉、条块分割的弊端,让各部门间达到了一种相互协同的效应。

5.评价体系建设

东城区对城市的建设模式主要是依靠相对先进的网格化信息平台进行的,在建设过程中主要从区域评价、部门评价及岗位评价这3个大的方面着手,建立了一种内评价与外评价相结合的新型评价体系。

内评价主要是依据新型的信息平台进行的,对所在辖区的相关数据记录实时生成评价结果,评价的对象主要是区域、部门及岗位。而外评价则是针对城市建设信息平台中记录的相关数据无法反映的指标,在向辖区内的百姓及有关方面征询意见后,做出的主观性质的评价。这两种新评价体系的建立,对过去的专业部门采用本部门评价本部门的状况做了彻底的改变。

(二)朝阳区数字化建设模式

朝阳区是北京国际化水平最高的地方,是中国对外进行国际交流的关键窗口。近年来,朝阳区的经济发展十分迅速,社会对外开放性以及人口流动性也在大幅增强,新的社会经济组织以及其他的组织得到快速的发展,居民社会服务的需求逐渐呈现多层次、多样化发展的特征,对社会的建设以及服务等都提出了新的挑战。面对这一形式,朝阳区政府和专家学者也在积极地探索构建一个新的社会建设模式。

朝阳模式的发展是从网格化系统开始的,经过一段时间的探索与创新,现在已经发展成了一种一体化的建设平台与决策系统。利用当前信息的快速发展,创新社会建设方式,有效建设新的朝阳模式。

1. 创建网格化建设系统

在 2005 年,朝阳区在对自身建设方面的问题做出总结之后,借鉴了东城区的城市建设经验,组建了符合自己建设要求的网格化建设系统,同时还成立了专门的监督与指挥中心,对所在城市辖区内部的建设部件及事件进行了十分精细化的建设。

2. 拓展网格化的适用范围

网格化的建设最初时只是用来监督街头的小广告、机动车乱停放、垃圾乱放等一些市容、秩序的问题。之后,为了能够保障奥运的顺利召开,朝阳逐渐把消防、食品安全等其他的工作也纳入到了网格化的建设中来。2008 年召开奥运会结束之后,朝阳区又在原来的基础上对网格化建设的使用范围做了进一步的拓展,将人口建设、房屋建设、安全生产等方面也纳入到其中。

3. 升级政府热线、鼓励公众参与

为了能够进一步地提升全市便民服务的功能,朝阳区开始对工商、房管、市政、计生等达 20 多个部门的几十条市民热线进行升级整合,设置一个统一的热线号码。这种升级整合,方便了市民的参与,同时也能够有效地对政府进行监督。

4. 创新市民参与机制

朝阳区创新地实施了"门前三包"责任,如图 5-5 所示,并对这些信息进行实时更新,通过监督员、机关联系人、街道办事处、专业公司等共同参与的方式对信息进行更新,确保发布的数据能够及时、准确,如图 4-6 所示。

(三)朝阳模式的运营流程

1. 朝阳区的无缝隙运营

朝阳模式设计的范围比较广泛,涉及城市建设、综治维稳、社

会服务、社会保障等多达 10 个大的项目。基本上涵盖了社会建设与社会服务的各个方面。

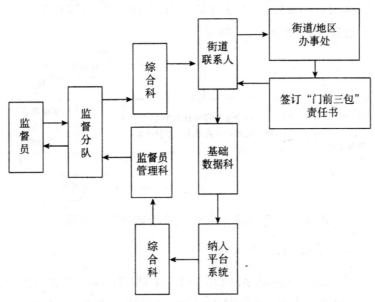

图 4-5 "门前三包"责任流程图

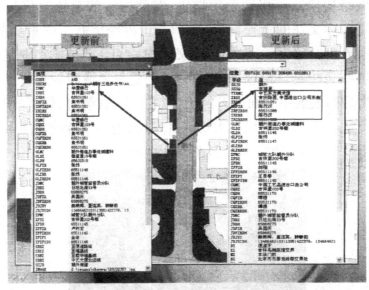

图 4-6 数据更新示意

朝阳模式的运行流程主要以监督指挥中心作为轴心,再以问题作为其导向,按照信息的报送、任务处置、处置反馈、监督评价等共 7 个步骤,形成一个相对闭环的工作流程。朝阳区实施的这 7 个工作流程是一种无缝隙社会建设系统,通过这个系统的相互制约和监督,实现对社会进行数字化建设。无缝隙社会建设系统的监督指挥流程如图 4-7 所示。

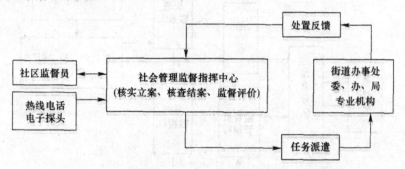

图 4-7　无缝隙社会建设系统监督指挥流程图

2. 朝阳区的功能定位

早在 2005 年,《北京城市总体规划(2004—2020)》中就曾指出:在北京市的区域范围中,建立"两轴—两带—多中心"的空间发展结构模式。在这个规划中,对朝阳区的总体定位是:"朝阳区是国际交往的重要窗口,中国与世界经济联系的重要节点,对外服务业发达地区,现代体育文化中心和高新技术产业基地。"以上这些功能定位给朝阳区的发展立了一个清晰的标杆。朝阳区在之后的发展中全面提升经济、科技、文化、教育、体育等功能。加快奥运、CBD、电子城三大功能区发展,进一步深化城市改革提高城市发展水平,如图 4-8 至图 4-12 所示。

图 4-8　朝阳区定位一:国际交往窗口

图 4-9 朝阳功能定位二：中外经济的连接点

图 4-10 朝阳区功能定位三：现代体育文化发展中心

图 4-11 朝阳区功能定位四：对外服务业发达地区

图4-12 朝阳区功能定位五：高新技术产业基地

（四）朝阳模式提供的经验

朝阳模式通过实施行政流程再造，促使各职能部门和专业机构必须切实履行职责，实现了从粗放性建设、突击性建设走向规范化建设、无缝隙建设，提升了社会建设的常态化、系统化和精细化水平，提升了社会问题处置能力和社会风险应对能力。在职能定位上，社会建设监督指挥中心遵循"掌舵而不划桨"原则，不替代各行政部门和专业机构履行职责。

朝阳模式的主要经验在于：

1. 实行监管分离

惰政滋生前提是缺乏行之有效的监督机制。在传统的行政建设模式下，城市的街道办事处以及各委办局都分别担负着社会的建设与服务的职能，但是，由于信息的获取不对称，其中的很多负责机构即便是有行政不作为现象存在，也很难及时发现并启动问责机制。

2. 推进流程再造

朝阳区依托于先进的信息网络与监督指挥体系，以问题信息为抓手，全面推进行政流程再造，打造群众满意的政府体系，明确界定出各种责任的主体职责范围以及履责的时限，并极力强化对于关键节点上的监管与控制，实现流程由部门化向跨部门化的转变。

3. 实施绩效评价

朝阳区在原有的监督平台基础上,又建立了一套新的绩效评价机制。监督指挥平台实时更新数据,还会对各责任主体排名,这些排名由系统依据监督所取得的数据来自动进行,数据有很多,如被立案的次数、按时结案率、尚未结案率等,因此,在这种情况下就有很多的机构做到迅速处理案件,达到群众满意。

4. 拓展合作治理

在区政府主导下,朝阳区积极寻找一种社会合作治理的模式,把市场的建设机制与社会力量引入到城市建设中来,政府相关机构也采取了签订责任书、业务外包、社会动员等多种多样的方式对公民、组织加以引导。合作治理能够比较有效地与过去的政府垄断相区别,是一种新的治理模式,和市场之间形成了良性互动,二者之间形成一种资源分享、优势互补、相互依赖的格局。

5. 创造诚信系统

诚信不但是个人的一种自律行为,也是十分重要的社会资本,它可以提升个人的形象,也可以在政府建设中获得居民的肯定,朝阳区依托强大的互联网功能,建立诚信机制,定期考核政府各个部门的履职情况,对民众反映情况的恢复情况,让群众心中有一个好的体验。同时也对社会中的个人诚信记录进行监管,收到良好的效果。

第二节 城市文化信息传播与品牌建设

一、城市文化信息传播

(一)城市形象传播分析

在对城市形象传播现象进行分析时,我们根据传播学的观点来分析这种传播现象。传播学的奠基人之一的拉斯韦尔在1984年的《社会传播的结构与功能》一书中提出传播学的"5W"传播模式，阐明了传播过程中所涉及的五个要素，并在今后的传播学的发展中奠定了传播学研究的五大内容。下面从这五个方面来对城市形象传播现象进行分析。

1. 传播的控制分析

传播者在传播过程中担负着信息的收集、加工和传递的任务。传播者既可以是单个的人，也可以是集体或专门的机构。从"关系归属论"的视角来看，城市形象传播主体具有多元性，一般来说，政府、媒体、行业企业和市民公众通常被认为是城市形象的传播者。

从目前国内城市形象传播的实践来看，政府是城市形象传播的主导力量，城市形象传播的规划、定位都主要依靠政府部门。政府部门开展城市形象传播主要有两种做法：一是成立专门的城市形象推广委员会，由委员会来整合各方力量开展城市形象传播工作；二是城市的旅游部门、外事部门、经贸部门和宣传部门四个部门在各自管辖范围内进行形象推广与传播工作，其中以旅游部门牵头居多，目标指向为打造旅游目的地形象进而带动当地旅游产业发展。

重点行业企业在城市形象传播中也发挥着越来越重要的作用。从城市形象构成角度来审视，一个城市的优势行业、强势企业对形成良好的城市形象具有显著正相关效应。越来越多的城市通过行业品牌、企业品牌和产品品牌来使城市品牌具象化，通过行业形象、企业形象和产品形象的传播来打造城市形象。从某种意义上说，一座城市的形象往往是同一系列名牌紧密地联系在一起的，如江西的贵溪市，其拥有"亚洲第一，世界前三"的上市铜产业集团公司——江西铜业集团公司，因此该城市定位为"中国铜都"；辽宁鞍山市则以鞍山钢铁集团公司为支撑，提出了"中国钢都"的城市定位。实际上，无论城市形象定位是否直接与一个企业或者行业有关,城市重要的企业或行业品牌都会较大地影响公众对城市形象内涵的理解,如杭州以阿里巴巴为代表的网商品牌,以万向、青春宝、娃哈哈为代表的杭商品牌,以印象西湖、宋城千古情为代表的杭州文化品牌,以龙井茶、喜得宝丝绸为代表的杭州产品品牌等都大大丰富了公众对杭州东方休闲之都这一城市形象的理解。企业不仅仅自身是城市形象的构成要素,而且其在经营管理过程中有意无意地传达城市信息,也为城市形象传播起到了推波助澜的作用。

市民是城市物质财富和精神财富的创造者,是城市形象塑造与传播的主体,其在城市形象传播中具有重要的地位和作用。一个城市的声誉是该城市市民共同的财产,作为权力体现的政府仅仅充当着临时守护者的角色。首先,市民素质是城市形象的内核之一,市民通过提高自身素质对城市形象传播而言是一种原动力的提升;其次,市民参与是城市形象传播的关键环节,只有发动市民参与城市形象传播,使城市形象得到市民的广泛认同,城市形象的建立才有牢固的社会基础。市民的素质、言行举止对外地人来说,随时随地都凝结着、传播着城市的文明信息。因此,要想建立良好的城市形象,离不开市民的广泛参与和自觉维护。

2. 传播的内容分析

传播的信息内容,是由一组有意义的符号组成的信息组合,包括语言符号和非语言符号,蕴含了一定的思想观念、感情、态度等。城市形象作为公众对城市的整体印象和评价,其构成要素极其复杂,但从操作实践上看,大多数城市在形象传播中较多地侧重于招商引资、旅游度假、生活氛围方面的宣传,这与阿斯沃兹和沃德总结出的"城市形象三大要素"是统一的,但是值得注意的是,许多城市在对城市的历史、文化、特色等方面内容的推介仍较为缺乏。

满足受众的需求是所有城市形象传播活动的核心所在,城市形象传播活动必须从考察受众需求出发,认真分析影响受众需求以及受众决策的要素,如此才能规划出具有针对性和实效性的传播内容。

城市形象是城市给人的印象和感受。可以构成人们对一个城市印象和感受的东西十分广泛,建筑物、道路、交通、店面、旅游景点、生活设施等无一不是构成这种印象和感受的基本要素。因此,从广义上讲,一切能够影响城市形象形成的因素都可以成为城市形象传播的内容,而这就需要传播者对城市形象进行全方位的品牌管理:在城市与受众的每一个接触点上实施传播管理。

但问题在于,如果将城市形象所有构成要素都纳入到实际的传播管理中,未免也不够现实。在现代营销传播理论看来,杂乱无章的传播次数越多,信息间的干扰对冲越大,传播效果未必更好。因此,在可控的城市形象传播中就必须对传播的内容进行规划和取舍,避免信息的杂乱无章,而这就需要在确定城市形象传播内容前,明确城市形象定位。只有在明确城市形象定位的基础上,才能有针对性地选择能够表现这一定位的城市形象元素进行有效传播。

3. 传播的媒介分析

巴黎感受着时尚,日本意味着技术,瑞士象征着精打细算似的财富,里约热内卢意味着热浪和足球,而塔斯卡尼则意味着幸福的生活。这是城市形象给我们的普遍的、社会公认的认知。

早在20世纪20年代,美国传播学家李普曼就在其所著的《公众舆论》一书中论及拟态环境问题。人们生活日渐忙碌,感知信息时间减少,大量的社会活动取消,越来越忙碌的工作环境,使得获得信息的方式就是传播媒介。人们在很大的程度上依靠大众传播媒介给予的信息来形成对社会的印象反射。拟态环境制约着人们的行为方式,并且来对客观的现实环境产生影响。因此,大众传播媒介对于城市形象传播而言,意义极其重大,毫不夸张地说,城市传媒形象在某种程度上已经主导了城市形象。

现代营销管理理论从企业营销的角度,归纳和提炼了多种信息传播工具可用以推动信息传播:除媒体广告之外,直接营销、促销、公共关系、个人销售等都是传播的有效工具。在城市形象传播中,我们应该充分学习和利用其他各种传播形式和传播渠道以配合大众媒体的形象传播,如利用画册、画页、图书、DM 等媒介形式,利用节庆、会展等活动渠道,最终形成大众传播、中众传播和小众传播的相互配合,新媒体和传统媒体相互协同的整合状态(表4-2)。

表4-2 城市形象传播目标及有效工具

城市形象传播目标	有效的工具
建立城市形象信任度	公关
城市与生活、行为方式关联	广告、宣传活动
建立知名度、树立城市形象	广告
刺激城市产品购买或再次购买	促销
建立客户对城市形象的高度忠诚	奖励、抽奖等
培养城市参与感	宣传活动、各种体验活动
针对细分市场、推介城市招商、旅游等特色产品	寄件媒体
刺激城市形象推荐率	荣誉市民、相关的俱乐部
发布消息	广告、公关

从接触点管理的角度来看,城市形象传播的媒介管理实质上就是整合营销传播视角的接触点管理。在进行城市形象传播时,要将城市形象差异要素有意识地落实到相应的形象接触点上,让公众在接受和体验城市形象相关信息时,清晰、一致地感受到城市的核心内涵。使城市形象信息持续不断地在所有接触点上传播品牌差异要素,演绎形象核心差异因素,在公众的心智中留下丰富的形象联想和鲜明、独特的城市形象个性,从而提高城市形象传播效率,降低城市形象建设成本,这也是城市形象接触点管理的本质所在。

4.传播的受众分析

受众是传播的最终对象和目的地。传播总是针对一定对象进行的,没有对象的传播是毫无意义的。事实上,传播者在开始发起传播活动时,总是以预想中的信息接收者为目标的,传播是针对目标受众进行的具有一定指向性的活动。

当代西方城市营销理论普遍强调城市营销的顾客导向,这为城市形象传播受众的确定提供了极好的借鉴。科特勒对城市营销的目标市场做了开拓性的分析,他认为一个城市无论是要摆脱经济的困境,还是要维持或是要促进经济的繁荣,其城市营销的主要目标市场都应该包括四大类,即访问者、居民和从业者、商业以及工业、出口市场。庄德林、陈信康通过归纳将城市营销的主要目标市场分为五大类,分别是投资者、居民、就业者与创业者、旅游者、城市外销产品的购买者。

城市形象传播受众角色具有多重性。城市形象传播的内部公众既是拉斯韦尔5W传播模式中的受众,又是这一传统传播模式中的传播者,是传受双方角色的高度统一:城市形象传播的内部公众在对内传播时扮演着受众的角色,而在对外传播中却承担着传播者的角色。实际上,城市形象传播的外部公众也不是单纯意义上的受众,在新媒体环境下,传播模式由单向传播变成了双向互动,传、受双方身份界限被模糊。

5. 传播的效果分析

传播效果是信息到达受众后在其认知、情感、行为各层面所引起的反应,它是检验传播活动是否成功的重要尺度。在拉斯韦尔模式中,传播效果处于模式的终端环节。但是在城市形象传播过程中,传播效果呈现出阶段性、多层性的特点。

城市形象传播是一种典型的多级传播,举例而言,政府通过大众传播媒介将城市形象的消息传递给城市的内部受众,也就是当地的居民,当地的居民又将这一信息转送至城市外部的受众,也就是城市外地人口,不仅如此,在内外之间也存在着意见领袖传递给纯粹的旁观者的现象,因此,城市形象在每一次的信息传递过程中都产生影响效果和出现城市形象的累积,出现了阶段性和多层性的特征表现。

1962 年罗杰斯提出了著名的创新扩散理论(图 4-13),他指出,创新扩散的传播过程可以用一条类似于"S"形的曲线来描述。

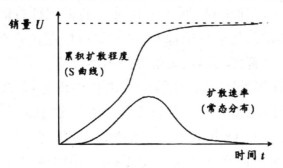

图 4-13 罗杰斯的创新扩散理论

创新扩散理论广泛应用于社会各行业新事物新观念的扩散现象,对城市形象传播与推广也同样适用。城市形象传播效果的好坏,与传播者、传播内容、传播媒介、传播受众都密切相关,创新扩散理论对于城市形象传播效果控制提供了许多有益的启示,用的速度就会比其他城市形象要快。

创新扩散理论被认为是传播效果研究中的一个里程碑,它为城市形象传播效果提升提供了极具价值的理论参考。但是这一模式还存在着缺乏互动的问题。1981 年,罗杰斯和金凯德提出了一个代替性的"辐合传播模式",他们认为互动是一种循环过程,在这个过程中,传者和受者之间可以相互理解、相互加强联系。因此,城市形象传播要取得成效,就必须充分注重传播互动,同时有必要对城市形象传播进行效果评估,这样一方面可以检验城市形象传播是否达到预期目标,另一方面,这也将更好地为接下来的城市形象传播互动提供决策参考。

(二)中国城市形象片的传播分析

1.中国城市形象片的诉求

在城市形象片的诉求策略中将会面临两个问题,即"说什么"和"怎么说"。纵观中国城市形象片的总体状况,可以说大多数的作品都集中于旅游形象的表述上,对于形象片的定义狭隘在"旅游"或者"招商引资"的概念中。在大量城市形象片中,历史元素、民族文化元素比比皆是,城市个性符号的识别性较弱,风筝、烟火、和平鸽等元素几乎每篇都有,一些具有中国民族典型象征意义的元素:舞龙舞狮、太极、茶道更是不胜枚举。

对中国许多城市形象片的诉求进行整理分析,发现一些特点,中国现阶段城市形象片的诉求重点基本集中在人文历史、城市精神、自然风貌、城市发展以及招商引资五个方面,当然每个形象片的诉求点并非单一表现,很多广告中同时存在几个诉求点,且表现不分伯仲。显而易见的是,现今的城市形象片大多以诉求旅游为主,招商引资也是诉求的另一大热点。另一类表现"城市精神"的诉求点则大多为了配合政府的某些公益宣传主题或大型活动,这类作品往往更易趋同。

严格来说,城市形象片的诉求方式主要是运用感性理性混合的居多,感性诉求是第一印象,但如果仔细分析其表现手法,却发现理性诉求占有主导。城市形象片大多采用感性和理性混合诉求的方式,主要原因是目前我国城市品牌正处于传播初期,大多受众对于城市品牌还没有认知。

大多数城市都意识到"形象传播"的重要性,但在总体上缺乏战略规划、理论上缺少指导工具。在拍摄时都采取感性的诉求方式,但对于感性的诉求表现都只停留在理性的层面。 一个成功的城市形象片应该具备感性和理性的元素,但其留给受众的最终记忆却应是纯粹的一种诉求方式。著名广告导演高小龙说:"好的"宣传片应该是自然、亲切、美感。走感性路线的城市形象片,最高境界莫过于此。

从使用频率上来说,感性诉求中更多使用文化诉求,而名人代言的方式相对比较少,尤其是一些大型城市,一般不会轻易选择某一具体名人代言城市形象。理性诉求中更多使用展示和介绍的方式,画面展示与文案介绍相结合,把城市的主要风貌完整展现。

2. 中国城市形象片受众策略

受众直接决定着形象片的传播效果。城市形象片的受众可以根据分类标准的不同分为各种类型,比如将受众分为内部受众和外部受众,则内部受众就是本地居住的市民,外部受众是旅客、商人等外地人口。

对于城市形象片的观看群体来说,城市形象片整体用客观镜头的视角来表达,受众作为旁观者,被动接受影片传达的视觉内容,缺少互动与交流,事实上,针对不同的受众应采取不同的宣传策略来加强品牌与其之间的互动,使城市品牌增添活力与认可度,主观视角叙述不失为一种好的方式。

现阶段主要的城市形象片对于受众的定位策略是大包大揽式的,很少有作品是专门为某一类受众而创作的。从实际传播效果来讲,真正用心拍摄的作品,应该是具有一个比较稳定而小范围的受众群,"找对人说对话",这样才能拍出有现实意义的形象片。随着城市品牌传播的不断深入,我们需要越来越多的"定制化"的形象片。

3. 中国城市形象片媒介策略

中国现阶段的城市形象片很少在国外媒体上投放。我们拍摄的形象片即便是具有明显的吸引海外游客的定位,也仅限于在中国地区的外国人,或者是某些专业的渠道投放宣传。这点与国外城市形象广告投放相比,的确落后了不少。

就中国地区投放的情况来看,媒介策略明显缺乏阶段性目标和持续性的规划,许多城市形象广告是企图用一个广告片达到多个广告目标:既想带动旅游或其他产业,又想吸引投资,还想塑造出城市品牌形象。

从媒体选择上,以中央电视台、省级卫视居多,而地方台的投放较少,且以活动宣传类为主。央视是投放最为集中的地方,因为它的覆盖率高、影响范围广、传播迅速能够帮助达成目前中国城市形象传播最主要的两个目的:对内树立形象吸引旅游、对外招商引资。

二、城市文化品牌建设

（一）城市形象的内涵

在《不列颠百科全书》中，"城市"（city）的概念能够被定义成："一个相对永久性的、高度组织起来的人口集中的地方，比城镇与村庄的规模大一些，也更加重要。"《中国大百科全书》又将"城市"概括成："依一定的生产方式和生活方式把一定地域组织起来的居民点，是该地域或更大腹地的经济、政治和文化生活的中心。""城"和"市"起初是两个互不相同的概念，"城"具有防御功能的含义，"市"则指进行贸易交换的场所。

随着社会的快速发展与进步，城市涵盖的多方面的内容和功能也得到进一步扩充，发展到现在，城市已经逐渐形成了一个内容十分庞杂、构成极为繁复、十分难以概括的抽象概念，它代表了在一定时期内的社会生产力发展水平，是人类集中对自然改造的真实反映。城市体现出的典型特征在于：区别于农村的经济形式，以非农业活动作为其主体；具有政治、经济、文化等多个方面的中心职能地位；由大量的人口所组成的人类聚集地区，满足了居民特定的生活需要；有着农村地区所不能比拟的物质条件与就业环境。不同的学者对于城市的理解也都存在着极为明显的差异：社会学者认为，城市实际上就是社会化的产物；经济学家则把城市看作是人口和经济活动在空间层面上的集中；而建筑师则将城市和多种建筑的形式以及空间组合联系到一起。

"形象"一词在《辞海》中被定义成：事物的"形状相貌"，在文学艺术作品中常常是指"文学艺术区别于科学的一种反映现实的特殊手段"。英文中的"形象"（Image），也代表的是"一个人或者具体事物的实体形象"。所以，"形象"也具有双重含义：一方面主要指的是某一事物的实体形式；另一方面，是在艺术作品中,它也是表达现实的重要手段(图 4-14 至图 4-16)。

图 4-14 大阪的现代城市风貌

图 4-15 爱丁堡的古典城市形象

图 4-16 爱丁堡现代城市的形象

　　城市形象的研究也恰好是以城市作为参照,从人类感知与形态的表象角度对城市做出研究的一种学科。作为其他学科的重要要补充形式,城市形象也是从人类感知的直接经验出发,以艺术与美学的视角建构起城市形态的有关理论研究体系。它同时还是从具体的、可感知的物质形态研究方面开始出发,探寻出建立起城市特定视觉秩序的有关原则。除此以外,如果是作为一种艺术品来看待城市形象的话,其同时还具有比较典型的造型艺术特征,它主要是利用不同的艺术形式来表达城市的外在表象,是传达城市有关文化内涵的重要艺术载体(图4–17)。

图4–17　大面积玻璃和钢结构运用代表了现代化的城市形象

　　城市形象作为研究现代城市的重要组成部分,也是人类解决城市各种难题的重要切入点。能够把城市的形象定义成:城市中体的表象特征与外部的形态特征,其包括了城市所具有的复杂多变的表象特点,以及透过这些表象特征所能够感受到的特定精神内涵。它所涵盖的内容十分广泛,不仅包含了具体实在的物质文化内容,同时也包含了城市精神文化的反映。

　　总之,通过对城市形象的研究课题做出进一步的探讨,力求在当前极为快速发展的城市建设过程中,建立起一种相对和谐有序的城市发展环境,使民族文化在当代继续延续,地域特色凸显出来(图4–18、图4–19)。

图 4-18　独特的美国布法罗市政厅大楼

图 4-19　风格独特的泰国大皇宫

（二）城市形象的构成

城市形象涵盖了十分丰富的内容。其中包括了能够被人们所感知的物质形态元素及其所蕴含的内在文化意蕴。作为城市基本构成因素的人类活动,是城市文化的重要体现,也决定着城市的环境及形态,应将其也列入城市空间的组成部分,在城市研究中给予足够的重视。

1. 城市建筑

城市建筑是城市形象的一个重要部分,建筑样式及其特征也是能够充分反映出城市面貌的重要载体。城市建筑的好坏对城市的现代化文明程度高低起到决定性作用。这不但要求现代城市建设过程中需要大规模的现代化建筑样式,充分体现出极高的科技发展水平,而且更加重要的一点是应充分表现为一种对传统的文脉加以继承与发扬的精神,如盖里的建筑设计形式很好地继承了传统(图4-20)。怎样建立起一个历史和现代相互协调发展的、多样而有序的现代城市建筑组合,已经发展成了一种衡量现代城市是否成功的重要标准。而且,城市建筑的内部空间组织怎样能够体现出传统建筑的精华所在,也是充分反映一座城市的文化发展的关键因素。

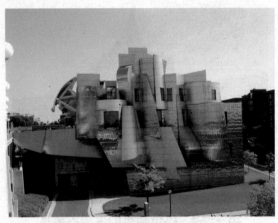

图4-20　盖里的特色建筑设计

2. 城市边界

城市边界主要是指分隔不同城市或城市和乡村的主要界线(图4-21)。有时,城市的边界也是模糊与不确定的,它往往会随城市的扩张而发生相应的变化。但是,现代城市的发展则更趋向于要求人们建立一座带有明确城市边界特征的城市,以便于区分不同的地域风貌,并且充分利用这一明确的边界限制城市的发展规模与盲目扩张。城市边界通常都是由道路构成,怎样建立起人们围绕城市边界移动过程中观察城市的视觉通道,同时展现出良好的城市发展天际线,是现代城市建设整体形象的一个十分重要的因素。

图 4-21 古城都有属于自己的边界线

3. 节点

作为现代城市发展的战略性焦点,应该具有十分明显的形象特色,它能够起到吸引人流及凸显城市面貌的重要作用。多个节点的大小、形状及其位置的设置,在城市空间之中应该做到统筹兼顾,建立一个开放型和封闭型的节点之间相互配合、彼此呼应的空间格局。节点能够成为建筑物的组合,也能够是一个开放的广场空间,它对人群的集聚效用以及内部功能的完善可以起到极大的作用,是一座城市节点得以成功的关键(图 4-22)。

图 4-22 城市中人流较大的集聚节点

4. 标志物

通常是由艺术作品构成,它的形象、大小和色彩变化在城市中起到重要的引导和指示作用。(图4-23)标志物的形象特征不仅代表着居民的某种审美取向,同时它往往还是一个时代的写照,反映了特定民族的内在文化气质。

图4-23　华盛顿箭塔碑及周边景物是主要标志

第五章 "一带一路"倡议下的
中国城市文化传播

一个成功的城市品牌形象必须是基于历史的前提下和地域空间基础上的考虑,且应该是该城市本身所具有的某种特征提炼和强化的结果,是城市物质文明和精神文明的结晶。本章综合探讨城市形象品牌的构建与设计,同时对城市精神识别系统、城市行为识别系统、城市视觉识别符号设计等内容展开具体论述。

第一节 城市形象品牌的建构与设计

一、城市形象品牌的构建

(一)理论构建

1.CI 企业形象理论与城市 CI

CI 是英文"CorporateIdentity"的缩写,译为"企业形象"或"企业形象战略"。CIS 是英文"CorporateIdentitySystem",直译为"企业形象识别系统"。企业形象识别系统 CIS,包括理念识别系统 MI（MindIdentity）,行为识别系统 BI（BehaviorIdentity）,视觉识别系统 VI（VisualIdentity）。其中理念识别系统是企业形象的灵魂,是 CI 战略的核心,属于企业精神意识层面的最高决策系统,也是企业形象战略运行的原动力和精神基础,具体包括经营企业信条、价值观、企业使命、企业精神、方针策略等；行为识别系统，是企业形象战略的骨骼和肌肉，企业的理念通过经营者和员工的行为与活动表达出来，行为识别系统要与企业理念识别系统保持严密的一致性；视觉识别系统是企业的脸面，是企业理念和企业行为的物化视觉表现。主要通过标志、色彩、标准字、象征图案等一系列视觉符号，将企业的各种信息传达给受众。企业形象战略一方面通过塑造企业统一的良好形象，使人们对企业及产品产生认同感和信赖感，从而达到宣传企业、扩大销售的目的；另一方面，企业形象战略通过创立高品质的企业文化，取得了社会的认同和公众信任，从而达到企业有计划地展现形象的目的。

随着城市化进程的加速，城市间竞争的日益激烈，企业形象 CIS 的系统理论逐渐被引用到了城市形象建设中，即"CityIdentity"。城市形象 CIS 作为一种系统科学的理论，其独特的识别性强化了城市的个性和视觉传达，而完备的系统性则体现了各个子系统在识别上的同一性。城市品牌形象建设不仅有利于城市优势资源的整合，促进城市机能的高效运转；而且有利于规范市民行为，加强社会公德教育，建立良好的社会风尚。还有利于实现人与环境、人与社会、物质文明与精神文明的和谐、可持续发展。同时，通过提炼、升华的城市精神，对于创造品牌城市，塑造城市形象，增强城市凝聚力和竞争力，发挥核心动力的作用。

总之，在当今城市发展中引入品牌形象战略是城市发展的必然，充分地体现了社会价值观从物质向精神的转变，人们开始倾向于追求附加在物质中的文化内涵和精神信仰，从而推动整个社会物质文明向着更高的目标迈进。城市 CIS 是新时期城市经营与营销的重要策略。

2. 品牌学理论

品牌的英文"Brand"，源出古挪威文 Brandr，意思是"烧灼"，烙下标记的意思。品牌学是研究品牌及其品牌问题的知识体系或理论体系,品牌学理论对城市品牌的建设具有重要的指导意义。品牌学研究可分为三个层次:一是品牌观点(Brand Viewpoint)或称品牌思想,即对个别品牌问题的理性认识;二是品牌学说(Brand Theory)或称品牌理论,即对有关品牌问题形成系统的理性认识;三是品牌科学(Brand Science),即研究整个品牌领域活动规律的知识体系或理论体系。品牌观点是对品牌的基本认识;品牌学可以说是品牌观点的进一步发展,是较为系统、全面的品牌理论;品牌科学是品牌理论的系统化过程。这三个层次是一种递进的关系,也是学科由低级向高级发展的必然过程。对于城市品牌来说,也具有同等的意义,人们对城市品牌的认识也是从最初的想法、观点到理论的探讨,通过城市品牌建设的实践活动及推动城市品牌学科不断发展,逐渐形成较为完备的体系。对品牌学基本理论的研究,对于指导城市品牌形象建设的理论与实践,完善学科体系都具有积极的参考价值。

3. 城市规划与设计理论

《城市规划基本术语标准》把城市规划定义为"对一定时期内城市的经济和社会发展、土地利用、空间布局以及各项建设的综合部署、具体安排和实施管理。"

城市设计又称都市设计(Urban Design),指以城市作为研究对象的设计工作,介于城市规划、景观设计与建筑设计之间的一种设计,重点关注城市规划设计中的空间设计、城市面貌,尤其是城市公共空间设计。城市规划和城市设计可以说是内容交叉、骨肉相连、密不可分的。总的来说,城市规划具有抽象的宏观概念,而城市设计则为具象的微观特点。

城市规划与设计理论是随着城市的发展而逐渐形成的,是城市建设实践活动的理论总结。虽说"城市形象"、"城市品牌"理论是在近现代才提出的,但其理念、思想其实早就隐含于城市规划设计理论之中。

（二）系统构成

1. 城市品牌系统结构

城市品牌系统是指以品牌学和营销学为切入点的研究系统。品牌原是市场营销学的重要概念，城市品牌的形成是营销学、企业形象理论、经济学、社会学、地理学等相关学科交叉和综合的结果。虽说近年来学界从不同的领域与角度来探究城市建设非常踊跃，但是从系统理论角度来探析城市品牌系统结构并不多见。城市品牌建设是一项社会化的系统工程，关于城市品牌系统的结构划分有以下观点。

首先，从二维角度划分的城市品牌系统。以品牌学为出发点划分的城市品牌系统结构，具有主客体的二维系统的特征。

其次，从三维角度划分的城市品牌系统。三维城市品牌系统的划分，源于城市本身的三大部分：其一，城市体的物质性本源；其二，城市居民的内心世界；其三，公众对城市品牌的识别。三维系统结构其实是以品牌的物质本原、品牌的精神、品牌的感知这三方面为依据来组织系统结构。

2. 城市形象系统结构

对于城市形象系统的建构，学界存在许多不同的观点，但是系统的结构都基本相同，主要源于企业形象和城市规划两个领域。

首先，以企业形象为研究出发点的城市形象系统结构。以企业形象为出发点的城市形象系统构成，是以企业形象系统的基本结构为依据的。其主要内容包含城市理念形象系统、城市行为形象系统、城市视觉形象系统三大方面。

其次，以城市规划设计为研究出发点的城市形象系统结构。在以城市规划设计为研究出发点的城市形象系统中，城市形态和城市景观是一项不可缺少的组成要素，它不仅是城市形象内部和外部形态的有形表现，同时还承载着深层次的文化内涵，是城市物质因素与精神因素的总和。

3.城市品牌形象系统的五维结构

美国学者狄克·拉波波特把城市定义为"社会、文化和领域性的变量",城市品牌形象系统恰恰体现了这种社会、文化和领域性变量的城市特质。

城市精神识别是指城市的发展哲学与城市理念的可识别性。城市行为识别是指在城市精神制约下的个体与群体的行为的可识别性。城市行为体现了城市精神与内涵的动态识别特征。城市行为识别系统包括了政府行为识别、企业行为识别、个体行为识别和城市动态行为识别等因素。城市行为具有三维的动态识别特征,涉及市民行为规范(观念、行为、风俗习惯、道德风尚、交往方式等)、制度规范(政府、组织的管理行为、管理手段、服务方式、目标效果)等要素的识别与传播。城市视觉识别是指对城市整体印象的视觉可识别性。城市视觉识别是城市内涵外在的表现形式,也是城市识别及内外沟通的媒介。城市空间环境识别是指以城市建筑和景观等物质形态的视觉可识别性。城市的空间环境既是城市内涵的物质形态,也是城市形象的直接载体。城市空间环境识别系统由典型的城市风貌、典型的城市规划、典型的城市空间、典型的城市节点等要素组成,体现出了城市的三维识别特征。

二、城市形象品牌的设计

(一)城市形象品牌的属性

1.城市品牌形象的文化属性

英国著名人类学家 E.B.泰罗对文化下的定义为:"从广义的人种学含义上讲,文化或文明是一个复杂的整体,它包括知识、信仰、艺术、法律、伦理、习俗,以及作为社会一员的人应有的其他能力和习惯。"城市是人类社会文化的真实写照,反映着它所处的时代、社会、经济、生活方式、科学技术、哲学观点、人际关系及宗教信仰等。城市是文化的物质表现,文化是城市的灵魂,与其说世界上的城市千差万别,倒不如说是城市文化的差异所致。

2. 城市的人文形象

城市是客观的存在,而城市形象却能被感知。在城市形象被感知的过程中,每一个人的心理都存在着某种心理"定式",对城市客观存在的形象进行重新认知与定位,被感知的结果注入了主观的印象。随着社会发展,历史文脉的延续,物质文明与精神文明积淀,城市发展的过程中逐渐形成了具有不同地域特色的人文形象。城市的人文形象是以非物质的形态表现出来的,具有强烈的人文意味,以及城市情感、城市情境、城市情节等人文属性。

3. 城市品牌形象的经济属性

城市经济是城市生存的物质基础,城市经济环境是城市生产功能的集中体现,反映了城市经济发展的条件和潜在优势。

(二)城市形象品牌的可识别性

1. 城市形象品牌可识别性原理

品牌形象的识别有其科学的原理,涉及生理学、心理学等诸多学科。城市品牌形象塑造的目的就是识别,并通过识别进行品牌形象的传播。

(1)视觉记忆。视觉记忆是指大脑储存视觉信息的能力。视觉记忆具有视觉生理和视觉心理双重特性。

视觉记忆现象是互动的视觉效应。互动的视觉效应是指主观与客观的互动,是指客观现实与主观意识的互动,也就是视觉与记忆的互动。著名视觉心理学家格列高里曾说:"对物体的视觉包含了许多信息来源。这些信息来源超出了我们注视一个物体时眼睛所接收的信息。""知觉不是简单的被刺激模式决定的,而是对有效的资料能动地寻找最好的解释。"换句话来说,就是人看到某种直觉性质的物体时,或者当一种强烈的个人需要促使下希望看到某些直觉性质的物体时,其记忆痕迹便会对视觉产生强烈的影响。简单地说就是,当我们的视觉接触过一个形象符号,视觉再次看到后第一反应是:我见过它。这是视觉记忆"唤醒"了大脑皮层对这个符号以前的认识。如果这个符号具有显著的个性特征或者被反复的视觉刺激过,那么其记忆性就更强。

视觉记忆是视觉沟通的结果。品牌形象的识别是通过"同一符号"或"同一印象"与受众进行沟通的,并在品牌推广中产生积极的作用和有效的影响力。视觉沟通泛指"用符号说话",既是把品牌形象作为沟通的媒介,同时,又利用品牌形象的视觉冲击力和产生的记忆来打造品牌形象。依据符号学原理,品牌形象是以视觉标识和代码的形式存在的,视觉符号既是品牌形象的载体,也是品牌形象的外延形式。品牌形象的传播过程其实是视觉符号的编码过程,品牌形象的视觉编码要依据信息传播原理,围绕品牌的历史、文化、个性特色,展现完美独特的视觉形象。在品牌形象的视觉沟通过程中,独特的视觉形象或者反复的视觉刺激都会产生强烈的视觉记忆。

(2)心理认知。广义上的心理认知是指人的认识过程,人的心理认知经历了信息的接收、编码、贮存、交换、操作、检索、提取和使用的过程,心理认知强调了人已有的知识和知识结构对当前的认知活动起决定作用。无论人类是作为信息传播的主体或客体,对客观事物的认识过程,就是心理认知的过程。心理认知是人对客观事物的能动反应。

人们在生活中的经验积累作为一种心理沉淀,会在不自觉中参与心理认知过程,并可以影响人的直观感觉。心理学研究还表明,人的视觉对于信息的接收是有"选择性"的,只有那些契合接受者潜意识需求的信息才能被注意,才能产生心理共鸣,更具有识别性。如人们提及古城就会立刻联想到西安;提及西湖就会联想到杭州,等等,既是对城市品牌形象的心理联想,也是人们对城市品牌形象的心理认知。

2. 城市形象品牌可识别性要素

著名的城市规划学者吉伯德曾说过："城市中一切看到的东西，都是要素。"的确，无论是城市的物质形态，还是城市的非物质形态，一切可以看到的东西，都是城市的视觉元素，也都具有可识别的特征，所以也都是城市品牌形象的识别要素。

城市品牌形象建设就是通过对城市标志性建筑、标志性景观、标志性的街区、标志性公共空间的规划与建设，来强化城市品牌形象的视觉识别特性，并通过典型形象使人们留下深刻印象并产生记忆。

著名的符号学专家罗兰·巴特认为："城市是一个论述，我们仅仅借由住在城市里，在其中漫步、观览。就是在谈论自己的城市，谈论我们处身的城市。据此，城市本身是有意义而可读的正文，而且城市正文的写作者，正是生活其中的人。"由此可见，我们生活在城市的空间环境之中，对城市空间环境的把握是基于我们自身的需求和感受。

城市精神可唤起市民主体意识的觉醒，以共同的城市发展信念与价值取向为核心，凝聚力量推动城市的发展。例如，湖南长沙人"心忧天下，敢为人先"的城市精神，饱含了湖南人在中国近代史上解放思想、敢闯敢试、开拓进取的革命精神，同样也是当代长沙人的精神写照，在湖南第一师范可以充分体现出来，具有显著的城市精神的个性特色和识别特征（图 5-1）。

中国有句古语，用"路不拾遗、夜不闭户"来描述一个城市的行为风尚，就是对这个城市行为文化模式的肯定。在城市品牌形象建设中，我们经常听到的一句话"个个都是城市形象、人人都是投资环境"，强调的就是个体行为与城市形象的关系。人们对一个城市的评判，往往可能因为一件微不足道的小事，影响到对整个城市的印象，无论是政府行为、企业行为还是人们的个人行为都直接关系到城市形象的好与坏。

图 5-1　湖南第一师范

第二节　城市形象符号体系

一、城市精神识别系统

城市精神是维系城市生存和发展的原动力,是城市发展的最高哲学,是城市发展的思想基础。城市精神识别系统是城市的中枢系统,指挥并协调着城市行为识别系统、城市视觉识别系统、城市空间环境识别系统与城市管理与推广系统的协同工作,体现了一种层次关系,形成了城市的非物质层面。

城市精神识别系统包含了城市理念识别、城市价值观识别和文化特质识别等因素,具体体现在精神理念、道德理念、审美理念、发展理念、文化理念、经营理念等方面。

城市精神的界定涉及城市精神功能和作用,对城市品牌形象的特性研究,是近年来城市科学和城市规划界探讨的热点,鉴于城市品牌形象的精神识别、行为识别、视觉识别、空间与环境识别以及管理与推广系统之间相互独立又互为依存的特性。城市精神识别系统是整个城市品牌形象系统运动的内核,城市的视觉识别、行为识别、空间与环境识别都是精神识别系统的媒介和外延形式。城市管理与推广系统在城市品牌形象建设中,既是城市精神识别的媒介,又反作用于城市精神识别系统,为保证城市品牌形象系统的有效运行起到了决定性作用。

城市的精神即为城市整体存在的社会意义。城市精神的内核集中表现为城市的整体价值观及城市市民的价值取向。城市精神是城市发展的哲学观念,是城市存在的灵魂。在城市精神体系中,既包括宏观上城市存在与发展的价值意义,涉及城市发展战略定位、城市品牌形象设立的目标,也包括了微观上的对城市发展战略中阶段性目标的精神诠释等内涵。

同时,城市精神也是城市品牌形象系统的内核,直接反映为城市的发展理念,并产生直接的形象效应。城市的精神既是对城市发展的高度哲学概括,也是指从城市生活中凝练出的精神信条,同时也是指在城市发展历程中所凝聚的民风和市民精神的写照。

二、城市行为识别系统

城市行为识别系统是城市品牌形象的显性要素,是城市精神系统作用下的物质客体系统,是实现城市战略目标的执行系统,与城市的视觉识别系统、空间环境识别系统构成了城市物质层面的感性印象。城市行为识别系统在城市品牌形象管理与推广系统的维系、传播下形成社会所认知的城市品牌形象。重要的是,经过长期的城市行为形象的认知与识别,城市行为识别可以沉淀成一种城市品牌文化,反作用于城市精神。城市行为识别系统是指在城市的精神制约下城市的个体或群体行为的整体性表现,具有动态识别的特征。城市行为识别系统由政府行为、企业行为、公民行为和城市活动构成。城市行为识别系统是城市品牌形象的重要物质识别要素和有机组成部分,通过动态的方式塑造城市品牌形象。

第三节　城市视觉识别符号设计

一、符号与设计符号

（一）符号学的产生

现代符号学（Semiotics）作为当代人文科学最前沿的学术理论之一，大大拓展了当代人文学科领域的视野。按《大不列颠百科全书》的定义，是指研究符号和符号使用行为的学科。它研究事物符号的本质、意义、发展变化规律，以及符号与人类活动之间的各种关系。它本身的历史可以追溯到古希腊医学领域的疾病症状诊断的范畴。

古代中国虽然没有关于"符号"的明确界定，但是古代汉字"符"确实含有"符号"的意思。所谓"符瑞"，就是指吉祥的征兆；"符节"和"符契"都是作为信物的符号；"符箓"为道教的神秘符号。先秦时期公孙龙《指物论》，可以说是中国最早的符号学专论。在古籍《尚书》中，注释者说："言者意之声，书者言之记。"不仅说明了语言是一种符号，而且指出文字是记录语言符号的书写符号。

（二）设计创新方法研究：设计艺术与科学之间

由于设计符号学更多地与设计艺术学发生联系，传统上多采用艺术创作的方法进行人造物的设计，因此具有艺术的感性；同时，设计符号学与其他设计门类一样，也应具有"设计科学"的共性特征。核心在于设计师探索面临复杂任务时的设计技能，研究重心在于设计技能的科学探索、设计过程的科学解释和设计任务的恰当描述。具体而言，就是"面对复杂的环境和复杂的任务，我们应该创造出什么样的符号学方法,以及如何应用它们去进行更好的设计"。① 设计符号学要求在科学技术和艺术关系的框架内,探讨设计创新的方法,兼具"工具理性"(即重视逻辑和理性的思维方式)和"方法感性"。这也是本书在进行设计方法研究的主要层面和重点,以设计科学引导,以设计艺术实践促进,互为支撑。

同时,符号学的设计创新泛指对基于符号学的设计的创造性、新颖性的变革,或者通过符号学的理论和实践研究获得新的设计。它的研究应该包括以下几个方面:一是符号学设计本身的状态,即"是什么"的实践问题;二是符号学设计过程的原理和运行规律的知识,即"为什么这样"的原理问题;三是如何实现,包括利用符号学方法解决问题的能力、技巧、方法、策略和路径,即"怎么做"的方法问题。而目前设计在现代化的发展进程中,一方面要面对科技、经济、市场全球化的趋同,另一方面要直面要求凸显多元化、地域化、本土化的高涨呼声。要想在这两者的动态平衡中,摆脱"拿来"、模仿、亦步亦趋或标签式的盲目"自我"阶段,融合现代符号及相关理论,旨在具体实践的设计创新的方法研究就显得极为重要。

二、现代符号学先驱

现代符号学理论的两大先驱是索绪尔和皮尔士,他们分别提出了二元论和三元论,为现代符号学的发展奠定了基础。

瑞士语言学家费尔迪南·德·索绪尔(Ferdiand De Sausure,1857—1913)(图5-2)于1894年提出符号学(Semiology)概念,期望建立一种科学,使语言在其中能得到科学的阐释。他指出语言是一种表达观念的符号系统,并设想有一门科学是研究社会生活中符号生命的,这就是符号学,而语言学不过是这门一般科学的一部分。

---

① 杨砾,徐立.人类理性与设计科学——人类设计技能探索.沈阳:辽宁人民出版社,1987.

图 5-2　费尔迪南·德·索绪尔

罗兰·巴特（Roland Barthes）系统地整理了索绪尔的语言符号学理论，并严格地区分了语言和言语。

美国实用主义哲学先驱者之一、哲学家和逻辑学家查尔斯·桑德·皮尔士（Charles Sanders Peirce, 1839—1914）（如图 5-3 所示）从 1867 年开始研究符号学，提出了符号三元论。

图 5-3　查尔斯·桑德·皮尔士

在皮尔士和杜威的理论基础上，皮尔士的门徒 C. 莫里斯（Morris）进一步提出了行为符号学，他从三种功能意义上对符号行为作了规定，即标识、评价和指令作用。他在 1938 年出版的《符号理论基础》中把符号学分为语构学（Syntactic）、语意学（Semantic）、语用学（Syntactic）三个部分。语构学研究符号在整个符号系统中的相互关系；语意学研究符号所表达的意义，即符号与意义之关系；语用学则研究符号使用者对符号的理解和运用。莫里斯的理论既是皮尔士理论的延伸,更加深了符号理论的广度及深度,由此逐渐促成符号学向独立学科的发展。

三、视觉符号系统应用

（一）图像性符号

图像性符号是通过"形象肖似"的模仿或图似现实存在的事实,借用原已具有意义的事物来表达它的意义。这种符号通常以图像形式出现,直观明了,"易读性"高,与要表达的意义关系密切,一般直接借用自然存在来表达意义。

图像性符号又细分为表现性图像符号、类比性图像符号和几何性图像符号三种。

1. 表现性图像符号

这种符号通常是以自然界的事物为题材,通过排列组合,人为地赋予它们一定意义。如图 5-4 所示为北京鸟巢设计,设计师以自然环境中的鸟巢结构为设计来源,最终成为城市形象中的一张名片。

图 5-4　鸟巢

2. 类比性图像符号

人们还经常直接取材于自然界的事物,利用其本身所具有类似特性来类比其他事物。这种符号就叫作类比性符号。

众所周知马是动物中跑得又快,又外表高大英俊的一种。人们常常借马来象征力量、速度和征服等情感,就是看中了马的这些自然特点。通常马的这些特点是人所共知的,但又不同于松、竹、梅那样是人们硬加上去的,所以这种类比性符号更容易在大范围引起共鸣。

3. 几何性图像符号

这类符号基本是人为创造出来的几何图形,不同于自然事物的是它的简洁明了,但要在一定文化范围内人为地赋予它一定意义。各种商标、标志基本属于此类符号。

同一符号,在不同的时间、地域中却有着截然相反的指涉物,在中国或是亚洲的设计作品中出现的吉祥含义的"卐",是绝难被西方国家的民众所接受的,他们无法理解这个符号不同于他们习惯的象征。但不论它代表了何种意义,也不会改变它是意义的承载体,即典型的几何图像性符号这一本质。

(二)指示性符号

指示性符号是利用符号形式于所要表达的意义之间有"必然实质"的因果逻辑关系,基于由因到果的认识而构成指涉作用,来达到传达意义的目的。如路标,就是道路的指示符号;而门则是建筑物出口的指示符号。

指示性符号又细分为机能性指示符号、意念性指示符号和制度化指示符号三种。

1. 机能性指示符号

机能指示性手法是基于机能因果关系而表现其意义的,因此基本上所有机能性的构件都可以算作此种手法的表现。

2. 意念性指示符号

这类符号通常以某种形式的形象出现,用以表达人们的某种精神。

3.制度化指示符号

传统艺术符号除了功能性与意念性指示手法外，还有另一独特现象，就是源于社会制度造成的指示性效果。例如在许多国家，政府部门的配车要遵循一定的规则，什么级别的机构或官员配备什么级别的公车，一般人大致能够从公车的类别上看出使用者的级别高低，这就是汽车所表现出来的制度化指示符号。

（三）象征性符号

象征符号与所指涉的对象间无必然或是内在的联系，它是约定俗成的结果，它所指涉的对象以及有关意义的获得，是由长时间多个人的感受所产生的联想集合而来，即社会习俗。比如红色代表着革命，桃子在中国人的眼中是长寿的象征等。

民族艺术符号赋予意义的象征性手法，可以分为惯用性象征符号与综合性象征符号。

1.惯用性象征符号

传统艺术上的惯用性象征符号还可以再细分为三类：

第一类是纯粹的约定俗成的作用。

第二类是原始符号本身已经隐含着象征的意义，继续约定俗成的使用后，其原始意义逐渐弱化，替代的是其象征意义。

第三类是有意创设出"象征"的符号对其赋予某种意义。

2.综合性象征符号

透过多种意义的联结，通过联想来达成另一种新的象征意义，就是综合性象征符号。例如中国人结婚多摆上红枣、花生、桂圆和瓜子，各取一字为"枣生桂子"引申为"早生贵子"，这类手法在中国传统文化中较多见。

（四）其他符号

1. 文字符号

文字系统也像语言系统,本身就是社会约定俗成的符号,人们对文字的应用就是对文字的指涉意义的应用。它可以表达许多因在传统艺术符号本身的材料、构造、机能限制下无法表达的意义,弥补了将传统艺术符号当成意义传达工具时的先天不足。

2. 色彩符号

各种色彩在人类文化中也有不同的象征意义。与具体象征形态不同,色彩符号是较特殊的一类符号,只有颜色的区别没有形态的羁绊。在不同的社会文化背景下,色彩所象征的意义也会随之改变。如通常白色象征纯洁、真理、清白和圣人神灵等,而黑色则是邪恶势力的象征,蓝色象征无限、永恒、奉献、忠诚智慧等,这些都是色彩符号在社会约定俗成下所带来的象征意义。

第四节　城市形象的传播

一、城市品牌形象的传播途径

如何将城市品牌形象传播最大化是长久以来传播者的最大目标。"地球村"的概念出现以来,我们就进入了信息爆炸的互联网时代。多元化传播,整体宣传,充分利用各种媒体、各种途径来宣传城市品牌形象。

传播的途径有人际传播、组织传播、大众传播,小范围的人际传播和小集体内部的组织传播都不如大众传播来得猛烈。所以城市品牌形象的传播途径优先选择大众传播。

现代传媒对于城市品牌形象的传播作用越来越显著,有着强大的影响力,病毒式的传播速度,使得媒体传播的地位越来重要。

综合运用传统媒体和互联网这些网络平台,结合重大的活动事件都可以加强城市品牌形象传播的深度和广度。

（一）传统媒介的影视传播

1. 通过电视剧传播

电视剧是城市文化和形象传播的重要载体。中国电视文化事业的迅猛发展,出现了大量具有鲜明城市特色的电视剧,彰显出城市的地域特色,承载着城市文化内涵,扩大了城市的知名度,增强了城市文化的竞争力。

首先电视剧在城市品牌形象的传播中扮演着重要角色,在各类电视节目中占重要的比例。电视剧的故事题材多样,其目标受众也各不相同,因此城市品牌形象的品牌宣传效果也会出现不同程度的差异。并且电视剧的收视率也能表现出城市品牌形象的宣传效果,收视率高的电视剧对城市品牌形象的宣传有着至关重要的作用。

（1）发展趋势。

①都市题材。占优势地位的都市生活题材已成为城市品牌形象传播最为理想的电视剧题材,利用都市的自然、人文景观,运用高潮起伏的情感故事,赋予城市内在品质与人文气息,使城市品牌形象在景、情、人的交融中成功地塑造并传播出去。

②拍摄城市。以经济发达地区为主电视剧拍摄地分布方面,北京、上海两地占绝对优势,其次是东部沿海一带,西部内陆较少,电视剧城市背景的选择在当中便显得尤为重要。选择的城市应该与电视剧主题、旋律保持一致。

③拍摄跨区域性。电视剧拍摄地呈现出跨区域性,随着经济的发展和交通的日益便利,跨区域拍摄成为当下电视剧选取场景的一大趋势。城市与城市之间联手进行城市品牌形象宣传,不仅可以节省经济投入,而且可以丰富电视剧拍摄的场景,使电视剧本身和城市之间达到双赢。

（2）传播途径。

①选取城市的某些特点。首先,可以选取城市的某处景观。一些电视剧为了反映特定城市的生活环境和历史面貌,会在这个城市中选取最具有代表性的景观作为拍摄外景地。城市管理者应该抓住这种良好的宣传机会,进行宣传报道,有助于扩大城市的知名度,对具体的城市标志性的建筑增加其文化影响,带动城市旅游业的发展。

其次,是以一座城市为故事背景,并直接标在影视剧中明确城市的名称,那么作为承载着整个故事发展的背景城市,其城市品牌形象在客观上会随着电视剧的播出的影响而得到广泛传播。观众在收看时会把电视剧中的人物、故事与真实的地点结合起来,想象这里曾经发生过什么,有过怎样的悲欢离合,使得城市品牌形象有血有肉,进而打造出拥有自己特色文化的城市品牌形象品牌。

最后,电视剧主题歌及台词对城市名称的再强调。电视剧往往以主题曲、插曲、台词以及字幕等多种方式强调故事的发生地。这在一定程度上不仅推动了故事情节的发展,也加大了城市品牌形象传播的力度,达到传播的有效性。

②反映百姓真实生活。首先,方言是进行城市品牌形象传播时不可忽略的元素。每个城市都有属于当地的方言,一方水土养育一方人,方言也是一座城市独特文化的重要组成部分,通过电视剧演绎故事的方式,将城市的方言文化传播出去,如果这部电视剧成为全国大热的电视剧,那么观众不仅能看到城市的外在风光,也能感受和体会到城市的内涵,会使这座城市的文化更加引人注目。

其次,城市包容性也成为城市品牌形象传播的主要内容。像上海、北京这样的大都市,其现代化建设和基础设施的配备,没有必要再在电视剧上进行大肆渲染和宣传,而更应关注城市本身的人文精神和内涵。

最后,展现属于普通百姓的娱乐文化生活也是进行城市品牌形象传播的重要手段。每一座城市都是一个多元素集合体，不仅有外在的风光，人文内涵也是展现城市品牌形象不可忽略的重要因素。

③电视剧产业文化。电视剧产业作为一种文化产业，包括电视剧的拍摄基地、电视剧生产以及电视剧文化产业服务链。城市应充分利用各种资本和本地文化资源，大力发展电视剧产业。城市可以从电视剧市场中获得利润。由拍摄活动引出的影视基地建设、影视文化旅游、影视文化产品等相关产业，可以吸引游客、塑造城市文化形象。

2. 通过电影传播

（1）发展现状。城市之间的竞争也上升为经济实力、文化实力、影响力等多方面的竞争。因此，利用电影这种既具有声画效果，又包含情节渲染的传播平台，便成为城市品牌形象宣传的重要手段。面对繁荣的电影产业发展，城市品牌形象的推广者并没有忽视这一巨大市场。越来越多的电影开始具备宣传城市品牌形象的功能。这些电影在场景选择、情节铺陈等方面选择与某一城市的风景或者人文相结合，在拍摄电影的同时，宣传城市的独特形象。

我国城市宣传与电影的合作初始于影视城的建立，城市通过投资建设影视基地，吸引电影制片商来此取景，接着开始以协助拍摄的方式出现在电影字幕的鸣谢部分。城市与电影的合作程度越来越深，城市品牌形象在电影中的表现形式也越来越多，各种新的合作形式层出不穷。

（2）城市品牌形象的呈现方式。

①片名。直接点名电影的片名最能直接反映影片与城市关系，如《爱在廊桥》《港囧》《阿佤山》等，它们的片名就直接点明了影片所发生的地点和背景。这样直白的呈现形式，能够提高该城市在电影拍摄和宣传中的出现率，不断刺激观众的听觉和视觉，让观众在接受影片的同时也接受了与影片相关的城市信息。

②台词、道具。电影情节的推动需要依靠演员的台词和道具的使用,台词和道具的使用常可直接点明或显示影片拍摄地点。电影《高海拔之恋2》中的重要道具——女主角的货车上可以明显看到"云R"的车牌标志,代表云南迪庆藏族自治州,也就是香格里拉。旅馆内摆放着各种具有典型藏区风格的披肩、茶具、煮酥油茶的器皿等,也展现了香格里拉地区特殊的民俗文化。

③风景。植入风景展示是城市品牌形象宣传中最常见的呈现形式。电影拥有的极佳视觉呈现效果能够更好地展现城市的外在景观形象。对于城市而言,电影独有的光影艺术和镜头语言能够让观众们沉浸于电影所营造的美景之中,从而对该城市形成良好的印象。风景植入这种呈现方式已经成为电影和城市的双赢之举。

④鸣谢。鸣谢主要出现在正片结束后的字幕部分。当城市参与影片的联合摄制或者协助影片拍摄的时候,协助单位就会出现在"鸣谢"之中。鸣谢内容除了对城市政府表示致谢之外,还会出现对风景区、房地产公司,甚至酒吧的鸣谢,这些都是城市品牌形象中重要的组成部分。

⑤方言、戏剧等特殊形式。一座城市的形象不仅包括外在景观,还包括内在的文化底蕴和风俗习惯。如何在电影中表现一座城市特有的文化、风俗,一直是让城市推广者感到为难的地方。语言是城市品牌形象中的重要组成部分,处于不同区域的城市拥有不同的发音、逻辑和反映地方历史风俗的俗语和俚语。

3. 纪录片

(1)发展现状。一部《舌尖上的中国》让中国人对纪录片有了新的认识和热情,而近年来,随着城市宣传工作的需要,纪录片开始越来越多地用于传播城市品牌与形象。城市纪录片不仅开始在纪录片中占据一席之地,也在城市品牌形象的传播中发挥巨大的作用。

作为城市品牌形象传播的一种途径,则越来越受到重视,城市纪录片也开始在城市品牌形象的传播中大放异彩。在城市品牌形象的类别中,城市的视觉形象是城市品牌形象最直观的展示,而通过媒介的影像文本表现出来的城市缩影,必须包含大量的符号才能够支撑一个城市的外在形态。纪录片作为一种影像传播的方式,可以用最真实的镜头语言向观众展示一个城市的历史和现在。

(2)传播内容。

①城市风光。城市的街道、古建筑或者现代建筑、街头的公园、雕塑、交通等犹如城市的外衣,向人们展示着城市的外貌。城市风光作为城市环境中最有特色的部分,是一个城市的标签和名片,因此,也成为城市纪录片的主要记录对象。

②城市变迁。纪录片可以最大程度真实地记录一个城市的发展进程和历史变迁。《西安 2020》这部纪录片立足于改革开放以来西安的沧桑变化,回望了长安古城历史深厚的文明,展望了西安新城未来宏伟的图景。

③城市历史文化。文化是一个城市所拥有的独特记忆,从历史遗留下来的街区到现代化的生活社区,从传统技能到风俗习惯,物质和非物质的各种文化形态组成了一座城市的记忆,城市文化可以为城市增添一些多样化的符号要素,弥补视觉上的雷同所带来的审美疲劳,通过诉说该城市的历史与文化,来表达其独特的民俗文化和精神意境。

④城市美食。民以食为天,食物自然成为记录城市的上佳素材。总导演陈晓卿介绍该片时说道《舌尖上的中国》一部分是舌尖上的感动,另外一个是正在变化中的中国,观众从中国人对美食的热爱里读到中国人对生活的热爱,从中国人对生活的热爱里看到中国社会经济的飞速进步和发展。

⑤百姓日常生活。城市纪录片往往把镜头对准一个城市的宏大历史和名人名景,似乎这样才有记录的意义。但除去历史的光环和名人的荣耀,一座城市仍然具有打动人心的城市魂,那就是这座城市容易被忽略的当下,当下普通百姓的日常生活。

4. 城市宣传片

（1）发展现状。

①传统影像仍是主流中国城市品牌形象宣传片的表现形式主要有 MV 形式、"解说＋画面"形式、"音乐＋画面"形式，后两种是最为常见的形象宣传片的表现形式。是国内大多数城市摄制城市品牌形象宣传片的主要表现形式。

②旅游微电影兴起。2012 年 5 月 30 日，中国首部城市旅游微电影《我与南京有个约会》上映，开启了中国城市品牌形象宣传片的"微电影时代"。与以往普通旅游推广宣传片不同，《我与南京有个约会》以一段在南京的跨国恋情为主线，将旅游景点和故事情节巧妙地结合起来，为影片增添了亮色。

③内容凸显人城互动。中国城市品牌形象宣传片发展十几年来，由最初单纯地展示城市地标性建筑渐渐过渡到专注城市中的人来体现城市的精神风貌。

由"物"到"人"，从高大壮观转向平凡亲切，是近年来城市品牌形象宣传片差异化竞争的结果，也是未来发展的方向。

（2）城市品牌形象宣传片的趋势。

①主题突出为城市。设定主题，赋予城市人性，更能体现城市不仅是建筑之城，更是人们生活之城的内涵。比如西藏地区的宣传片，将西藏之旅上升为心灵的净化之旅，神圣而庄重。

②纪实手法。纪实手法介入城市品牌形象宣传片的拍摄，在此前较为少见。镜头讲究、画面唯美、剪辑成熟是以往城市品牌形象宣传片的一贯风格，城市品牌形象宣传片出现了纪实手法，以朴实、原生态反映城市的真实面貌。

③以"我"为主讲。传统城市品牌形象宣传片以综合介绍城市的地理位置、生态环境、经济发展、人民生活等为主要叙述特点。以"我"的游历为主线，采用第一人称讲述城市景观故事的形象宣传片较为多见。

④投放国际平台。随着中国经济的发展、国家综合实力的提

高,中国在国际经济市场中占据越来越重要的地位。同时,国内越来越多的经济活动正走出国门,走向世界。中国城市品牌形象宣传片的宣传视野已经走向了国际。

（二）互联网的舆情传播

1. 政务微博

（1）政务微博与城市品牌形象的关系。

①城市品牌形象的展示。鉴于网络这个多媒体平台,信息的多样化传播使信息更具有说服效果。不少城市在其政务微博主页中都插入了城市品牌形象宣传片,另外还以图片、文字形式传播城市品牌形象。政务微博可以通过多元形式传播城市品牌形象,从而使得相关信息在传播的过程中更为深入人心。

②城市品牌形象传播的互动者。政务微博在进行城市品牌形象传播时能做到及时互动,这极大地消除了群体心理的负面效应,发挥了城市品牌形象传播的正面效应,从而更好地传播城市多元形象。

③城市品牌形象传播的权威者。政务微博无疑是网络世界的权威信源,它可以及时发布没有经过其他媒介解读过的关于城市品牌形象的权威的"一手信息",并直接地将这些信息"推送"到受众面前。

④与城市品牌形象的相互促进。政务微博在城市品牌形象传播上的优势体现在它不仅降低了单个城市进行形象传播的成本,也降低了城市间联合进行城市品牌形象传播的成本,城市间可以充分利用政务微博平台实现彼此间的合作,联合互动。这些都间接地增加了城市品牌形象传播的效力。

（2）运用政务微博宣传城市品牌形象。

①做好服务者。微博本身缺少有效的信息把关人,微博平台中的信息显得尤其繁杂而难辨真假。这无疑增加了网友搜集有效信息的难度。对此,政务微博较其他微博而言在搜集有效信息

方面的效率较高,能够有效地实现资源整合。立足于城市进行信息传递,所以信息发布更贴近民众生活,这也是政务微博较其他微博而言的核心竞争力所在。

②做好引导者。微博世界里的信息鱼龙混杂,同时也不免存在一些为了满足自己出名的欲望而故意制造噱头、试图赢得他人关注的微博用户。这就要求政务微博在遇到突发事件时能够运用自己整合及搜集信息的高效率,迅速对信息的真伪进行核实,并第一时间发声,做事件的权威定义者。做好舆论的引导者,对内才能赢得更多粉丝的信任,其发布的信息才会有更强大的传播力。

③做好策划者。在信息庞杂的微博世界,要想让自己发布的信息不湮灭在浩瀚的信息海洋中,发布信息前做好策划是十分必要的。包括如何对微博信息进行议程设置,还包括怎样利用微博信息开展城市品牌形象营销策略,甚至还具体到微博文本的构建和语气的选择。只有做好策划者,才能以网友喜闻乐见的方式发布信息,才能达到与粉丝共同构建城市品牌形象的目的,才能利用微博营销使城市品牌形象传播取得更好的效果。

④做好合作者。政务微博必须要有合作意识。使合作双方共赢,只有强强联合才可能使城市品牌形象传播取得突破性进展。这就要求政务微博自身要拥有专业的运作团队,政务微博只有提高了自身水平,在与城市政务微博群内的其他微博合作时才能使联动效应最大化,而且这也是与其他城市政务微博合作的前提。

2. 舆情

（1）突发舆情

突发事件可以在第一时间被快速传播,这就为城市品牌形象传播提供了新的途径。从某种程度上来说,突发事件是一种被动式的城市品牌形象传播,但积极妥当的应对方式非但不会破坏城市品牌形象,还会为城市品牌形象加分。而且,突发事件往往牵涉公共性,具有较强的冲击力,所以更应该受到城市品牌形象传播的重视。

（2）舆情与城市品牌形象传播

①建立健全危机预警预案。在危机传播中的危机潜伏期,政府应该从以下几个方面努力:准备预案、建立和培养各种合作关系、搜集各种相关建议、检验信息渠道是否畅通、进行新闻发布会的模拟和演练。

②优秀的新闻发言人是城市品牌形象名片。新闻发言人不仅仅是一个特定的人选或者职业,在危机面前,每一个官员甚至是普通公职人员都有可能充当对外展示城市品牌形象的新闻发言人。所以政府部门一方面要培养优秀的专职新闻发言人,另一方面也要加强对所有公职人员媒介素养的培养。

③加强城市品牌形象舆情监测工作。城市品牌形象舆情监测是一项常态化的工作,需要政府配备专职人员或者与舆情监测机构合作,以一定的时间周期为间隔,对一个城市的某些方面进行媒体和网友观点的汇集与整理。在重大突发事件发生后,进行不定时和重点监测,从而为政府及其他组织的危机应对提供事实依据和建议参考。

④提高城市品牌形象建设的公众参与度。一个城市良好形象的建立与维护,仅仅依靠政府的力量是不够的,更需要城市的企业与广大普通市民的积极参与。通过政府号召这类公众集体参与的方式,提高城市品牌形象的知名度和美誉度。

（三）公益活动传播

（1）概念

城市品牌形象,一般而言是指城市带给人的印象和感受。一口地道的方言、一份美味的小吃、一套精美的服饰,都可能形成人们对相关城市品牌形象的长久印记。而社会公益活动又将城市的公益性特征引入了城市品牌形象的讨论。

　　社会公益活动,是指一定的组织或个人向社会捐赠财物、时间、精力和知识等的活动。公益活动原本是一些经济效益比较好的企业用来扩大影响、提高美誉度的重要手段。但是从2010年开始,公益活动逐渐走出企业,开始贴近群众、贴近生活,从人们生活中的细节处着手,以政府相关部门为依托,创办了一系列便民、利民的特色公益活动。这些公益性活动,虽然类别各异,但本质核心却是一致的,对于一个城市的发展,公益活动不仅可以提高该城市的美誉度。从2011年开始,全国各城市社会公益活动的数量和质量的评比活动——"中国城市公益慈善指数"拉开了帷幕,慈善指数最高的城市可以为该城市的整体形象加分。

　　(2)传播的影响方式

　　①公益文化。现阶段我国实行的全方位强国战略,其中最重要的就是"文化强国"。文化是综合国力的重要标志和重要组成部分,也是增强综合国力的重要力量。近年来,各种形式的公益活动逐渐走进普通人的生活,衍生出了生命力顽强的公益文化。相对于经营性文化而言,公益文化具有非营利性和大众性,旨在为全社会提供非竞争性、非排他性的公共文化产品和服务的文化形式。公益文化在城市中的有效传播,有利于社会公共文化事业的发展,有利于尊重和保障人民的文化权益,更有利于提高城市的文化生产力,成为衡量城市文明程度的重要标志。

　　对于城市的形象建设来说,公益文化的传播使命还在于使市民确立起具有高度社会责任感的文化理念和意识修养,维护良好城市品牌形象的坚强后盾。

　　②公信力。对于社会公益活动来说,公信力则是一个公益组织或个人具有的号召力和社会影响力。社会公益活动属于公共事业,因此公益组织有责任接受公众的监督、质疑,并且维护自身的公信力,保证公益活动的公开性。一个城市公益组织的公信力如何,将会直接影响到该地区的政府形象,而政府形象又是城市品牌形象的重要因素。这就使得公益组织的公信力与城市的形象建设有了直接的联系。

因此,对于城市品牌形象而言,社会公益组织的公信力是很重要的,它直接影响到媒体对该城市的宣传以及市民对政府的认可度。很多公益组织都是依靠政府支持运转的,这样的方式不仅有利于公益慈善活动帮助更多需要帮助的人,还有利于公益组织自身的可持续发展。

③微公益。2011年官办公益慈善组织的公信力受到了空前的信任危机,些民间公益人士依靠网络工具,激发普通公民的公益热情,展现出积少成多的巨大力量,因此也被称作"微公益"。2011年公益事业迎来了民间公益事业的崛起,也因此2011年被认为是中国民间公益的"微公益元年"。微公益的诞生标志着普通公民慈善责任意识和慈善权利意识的觉醒。

(3)公益活动的意义

①提高公益组织的可信度。建立公益活动的公信力,维护良好的城市公益形象,可以提高公益组织的可信度,而当公益组织的可信度越高,对活动宣传和传播的效果就越好,也因此,对城市的形象的建设有良性影响。但是除了城市公信力的建立,也要注意城市的自身建设,公益影响力只是城市品牌形象的短期效果,要想长久,就要全社会共同努力。

②名人效应影响传播形象。"名人效应"是在社会群体中处于意见领袖的地位的人,由他们传播的信息会比普通人传播的效果好,而且更符合受众的心理需求。公益活动利用明星的知名度以及其与活动价值的契合度取得良好的传播效果。

③蝴蝶效应影响城市品牌形象。微公益以其自身力量的微小而著称,但它能够集合每个个体的力量,从而凝聚成巨大的、具有一定社会价值的力量。是任何一个普通人都可以参加的慈善公益形式。与传播效果中的"蝴蝶效应"有着异曲同工之妙。

对于城市的形象传播来说,微公益带来的"蝴蝶效应"使这种社会正能量传送到每一个公众的手中,使公益不再仅仅属于个别的少数人群,也使一个良好的城市品牌形象建设在无形的微能量中得到发展。

二、城市品牌形象推广系统的构建

城市品牌形象推广系统是品牌形象与受众间紧密联系的纽带。城市品牌形象的管理者要采用一定的推广方法和手段,将城市品牌形象推广后形成大众知晓的熟知品牌。依据推广的手段和城市品牌形象的特点,城市品牌形象推广系统包括活动推广、媒体推广、旅游推广和信息网点推广,如图 5-5 所示。

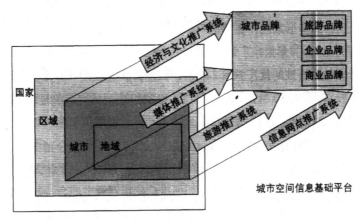

图 5-5 城市品牌形象推广系统的构建

（一）活动推广

活动推广是城市品牌形象提升的重要途径。活动推广主要是指选择富有城市属性和文化特色的各种论坛会议、节庆活动来传播城市品牌形象的方式。城市文化融入经济活动之中可以提升城市的经济价值和文化品位,形成城市品牌形象的辐射力和凝聚力,增强城市的文化魅力。

经济与文化活动就是活动推广的一种重要形式。这是因为经济是城市发展的原动力,经济的发展可以提升城市品牌形象的知名度,提高城市品牌的竞争力。经济发展可以为城市品牌形象提供能量,城市的经济发展通过发展名牌产品、名牌企业等个体优秀品牌,形成城市经济的比较优势和发展特色,提升整个城市的经济发展实力,形成城市的品牌形象。城市不仅要追求经济的发展,还要重视城市文化建设。城市文化的发展,提升城市价值品位,形成城市的吸引力、凝聚力和辐射力,进而带动经济发展。

经济的发展也依赖城市品牌形象的提升,城市品牌形象的推广可以带动城市经济的发展,良好的城市品牌形象可以吸引资金的聚集形成经济的二次飞跃。上海作为全国除香港、澳门、台湾地区以外第一个跨入世界中等收入地区行列的省级行政区。2001年10月15～21日,第九次亚太经合组织(APEC)会议选择在上海举行,这是中国首次承办的规模最大、规格最高的多边国际活动。APEC将促使上海加速建成国际经济、金融、贸易发展,带动我国长三角经济的快速发展。通过APEC会议,上海成为全球和区域经济合作受惠的地区,成为发达国家和新兴工业化国家、地区国际资本进入中国的首选地。上海借助经济活动在国际上树立了"国际大都会"的城市品牌形象。

城市文化不仅可以提高城市的品位,而且可以使城市品牌形象独具特色。文化是城市的内涵,城市的人文历史、民族风俗、节庆传统、名人文化等城市的文化乳汁,滋养着城市成长。城市品牌形象的推广借助文化活动,一方面提升城市的文化品位,形成独特的优秀文化品牌资源;另一方借助城市品牌形象的推广,形成城市的品牌文化价值。随着城市品牌形象竞争逐步白热化,城市文化活动推广策略是提升城市品牌形象的制胜法宝。哈尔滨国际冰雪节是城市品牌形象文化活动推广的典型案例,目前的哈尔滨国际冰雪节已发展成为集冰雪文化推广、旅游、经贸洽谈为一体的盛会,也成为人们了解哈尔滨的一个窗口,形成了独特的城市品牌形象。

（二）媒体推广

媒体推广是指城市品牌形象借助一定的信息传播媒介宣传城市品牌形象,媒体是城市品牌形象推广的途径和通道。随着技术的发展,出现了传统的平面媒体、电视媒体、户外媒体和新兴的网络媒体,要根据目标受众的特点选择合适的媒体。

1. 平面媒体

传统的平面媒体包括报纸、杂志、宣传册等,凭借着信息量大、报道深入、传播面广、成本低、影响深刻的特点依然是城市品牌形象推广的重要载体。报纸往往通过新闻、通讯或报纸广告的方式宣传城市的全方位信息,成为人们了解城市的主要信息渠道。杂志以其分类多(如旅游休闲类、金融投资类、求学就业类等)、专业性强、针对性强、影响持久的特点成为城市形象推广的理想媒介。城市品牌形象宣传册多以招商引资、就业置业等方式推广城市。云南丽江根据城市品牌形象的定位,制作精美的宣传册,对城市品牌形象起到一定的促进作用。

2. 电视媒体

电视作为现代信息社会中具有影响力的媒体,在传达公共政策、引导社会舆论、影响消费者决策等方面起着举足轻重的作用。电视媒体以其灵活多变、手段多样、声形兼备、表现形式丰富、普及率高、娱乐性强的优势成为城市品牌形象推广的主打媒体。据中国城市发展网统计,到目前为止,我国省辖市几乎都有自己的城市品牌形象宣传片,县级城市拥有城市品牌形象宣传片的比例达到50%左右。这些数据足以表明电视媒体是城市品牌形象推广的主战场。

3. 户外广告媒体

户外广告媒体是指主要建筑物的楼顶和商业区的门前、路边等户外场地设置的发布广告信息的媒介,主要包括路牌、霓虹灯、电子屏幕、灯箱、气球、车厢、大型充气模型、高档小区走廊楼道等。户外广告是城市视觉形象的主要组成部分之一,户外广告媒体是城市品牌形象的主要推广媒介。美国著名规划师凯文·林奇把道路、节点、区域、边界、标志物定位为城市景观形象的五大要素,这五大要素共同组成城市的"可读性"和"可意象性",而这些节点更是发放户外广告媒体的重要区域。城市火车站、机场、码头或港口、高速公路收费站、旅游风景名胜区等场所是民众密集区,这些地方投放的广告与受众的接触度较高,投放大面积、色彩明快、主题突出、设计新颖的户外广告容易使受众形成对城市深刻的第一印象。

城市户外广告的设置一定要按照城市的整体布局和夜景效果做好统一的规划。首先,加强对风景点、城市门户地带、城市重要节点布局的控制;其次,规划商业界城市干道、城市界面区域等线域的布局;最后,突出旅游城市或特色城市夜景面的塑造,来形成富含特色的广告群景观和良好的夜景效果,并广泛利用各种高科技户外广告技术,体现城市的现代化特色。

4. 网络媒体

网络媒体已经成为城市品牌形象推广的重要手段。它具有传播对象面广、信息量大、表现手段丰富多彩、内容形式多样化的特点。此外,网络媒体还具有较强的互动性、趣味性与亲和力,广告的投入不会受到时间和空间限制,观看者可以随时进入,信息更可以随时更新与完善。当今,一方面新闻类网站成为最具潜力的主流媒体,覆盖范围广,并越来越多地得到公众的信赖;另一方面,与其他媒体相比,利用互联网开展的对境外传播有效性更高,扩展了城市品牌形象推广的国际化平台;同时,网络媒体的推广费用相对较少。目前,多数城市都在城市门户网站上开辟城市品牌形象推广的专题页面,主要的任务是系统地宣传人文历史、自然资源、城市建设、经济发展等方面的突出优势并及时更新和完善,大部分城市将交通、住行、旅游、文化等项目做了技术上的链接,并建立大量的搜索引擎,以增加浏览量,提升影响面。四川的成都市开设了"大熊猫世界"英文网站,发布了大熊猫"恳亲"的消息和介绍成都市大熊猫繁育研究基地的情况,将成都市保护环境、爱护动物、关注可持续发展的城市品牌形象推向了世界。

（三）旅游推广

旅游是社会经济发展到一定阶段后产生的文化精神消费活动，是一种社会文化现象，是人类文化成果在旅游活动中反映出来的观念形态及其外在表现。[①]旅游业属于国民经济中的第三产业，加快发展旅游业，可以在有效地推进我国工业的发展、扩大就业的领域和就业人数的同时塑造和推广城市品牌形象。目前，我国已步入了世界旅游产业大国和强国的行列。

旅游推广是城市品牌形象营销的重要途径，主要要体现在以下几个方面。

首先，要打造城市旅游品牌，以旅游品牌带动城市品牌形象推广。特色是旅游的精髓，也是品牌的精髓。要善于整合自然环境、民俗文化、城市建设、特色活动等资源，突出旅游产品的个性与特色，塑造国内外驰名的旅游品牌。

其次，要加强城市环境管理，以优美的城市形象提升城市品牌价值。在准确定位旅游目的地性质的基础上，结合国家卫生城市、园林城市、文明城市、旅游城市的标准，切实加强和改进城市环境管理，全面提升城市品牌形象。

最后，让市民获得实惠，以广泛的市民参与促进城市品牌形象的可持续发展。除了政府和企业以外，广大市民是城市形象的主要营销主体。必须在政府、企业和个人之间形成更加紧密的利益共同体，扩大市民参与，真正实现旅游资源共享、旅游形象共同塑造、旅游市场共同管理，让每一位市民都成为城市品牌形象的推广大使。

例如张家界市是全国优秀旅游城市，城市管理者结合自身资源，采取红色旅游与绿色旅游推广相结合的策略推广张家界的城市品牌形象。由张家界公园、索溪峪、天子山三大景区组成的张家界武陵源风景区，地质构造复杂，地貌风景奇特，大面积石英

---

① 陈文君.节庆旅游与文化旅游商品开发[J].广州大学学报.2002（1）.

砂岩峰林地貌世界罕见。这里溪谷纵横,千山迭列,"雄、奇、险、峻、幽、秀、野"兼具,构成无与伦比的绝妙景观。张家界武陵源风景区 1992 年被联合国教科文组织列入《世界自然遗产》名录。2004 年,又被列为"世界地质公园"。张家界还是贺龙元帅的故乡,是湘鄂西、湘鄂边、湘鄂川黔革命根据地的中心,是红二方面军战斗成长并开始长征的地方。在绿色旅游资源和红色旅游资源整体推广方面,张家界立足湖南、辐射全国、放眼世界,实现红色与绿色旅游的和谐发展,通过红色旅游与绿色旅游的优势互补、共同发展,使城市形成了国内外知名旅游胜地的城市品牌形象。

(四)信息网点推广

信息网点是城市品牌形象推广的重要手段。城市的信息网点主要分布在城市交界处、高速公路休息区、城市中心、主要历史文化景点等人口密集地点。信息网点发布的信息包括城市所有的有关政治、经济、投资、资源产业、旅游、食宿、教育信息等综合与分类信息,使人们全面、系统了解城市的形象。在美国纽约、芝加哥、华盛顿等和欧洲的伦敦、巴黎等大多数城市都有信息网点,一方面方便市民和外来人群生活、学习和工作;另一方面通过动态媒体、印刷媒体免费向公众提供城市旅游、置业、食宿等相关信息,使人们全方位地了解城市信息,加深公众对城市的印象。城市信息网点推广品牌形象主要包括:城市信息系统的基本框架和城市信息系统的网点布局。

首先,城市信息网点系统建设要遵循一定的建构原则,即需求驱动原则、总体规划原则、分步实施原则、重点突出原则、适当超前与动态协调发展原则、整合发展原则。

其次,城市信息系统的网点布局要按照从大到小、从远到近、从外围到中心的特点进行网点的布局。有目的、有规划、有系统地进行,按照纸本、媒体、网络相结合进行建设、布点,集中推广城市品牌形象。城市品牌形象信息网点推广系统的内容应该包括该城市的形象、发展历史、风景名胜、交通现状、经济发展、城市艺术(包括经典的建筑、绘画、音乐与设计等)、城市的非物质文化遗产,等等。简单来说就是这个城市的衣、食、住、行。信息网点则要注意布置在城市的各高速公路入口、城市的铁路入口(火车站)、城市的长途汽车中转站、城市的中心广场、城市的购物中心、城市的旅游网点等与受众接触面大的地点。在美国,城市的高速公路、城市节点、城市中心、历史文化遗址、交通枢纽等位置都设有信息中心,每个城市的企业、学校、医院、商店也有相应的信息中心,免费提供翔实的城市分类信息。城市的信息中心,给外来的人群提供方便的交通、住宿、旅游或者购物咨询,让外来人群对城市形成亲切感和认同感。

最后,城市品牌形象中信息网点的建设。第一,建立由城市空间基础信息平台、城市综合信息平台和城市电信基础平台组成的核心系统,达到共享和支持。第二,建立各行业发展需要的应用系统,这是数字城市发挥作用的根本。第三,网络与信息接入设备,它们是数字城市应用的前端,直接面向最终用户包括城市中的每个公民和对外的形象展示。第四,便于政策法规与保障体系的运作,并为数字城市建设及运行提供法律、经济、标准、组织和管理等方面的保障。

总之,城市信息网点是城市品牌形象推广的窗口,信息网点建设是城市各部门、行业、领域的共同责任。信息网点也是城市对外交流的窗口,体现了城市现代化的管理水平。城市信息网点也是衡量城市信息化程度的标准,信息产业是信息网点建设的重要基础,信息网络是信息网点建设的重要支撑,企业信息化和社会信息化则是信息网点建设的具体应用。

第六章 "一带一路"倡议下的
中国城市形象构建案例

在"一带一路"的背景下,我们寻求塑造中国城市形象的途径与机遇,关于城市形象,我们有多方面的文化命题,也孕育着城市形象的深刻变革。中华文化源远流长,在今天经济的外向度不断提高,中外交流不断扩大,我们也进入了一个新的历史发展契机。本章就是在探讨世界著名城市形象塑造的经验,研究的同时,从中发现对中国城市发展的启示。

第一节 中国城市形象建设的现状与发展

一、中国城市形象建设的发展现状

当今中国,城市建设发展过快,建筑设计问题也日益突出,千城一面。如何探索出一个真正适合当代中国城市发展的视觉印记,如何体现可持续发展,具有视觉文化意义的城市形象,是当前设计界最需要完成的任务。同时,如何增强城市竞争力,如何塑造独特的城市形象也是我们需要关注和研究的问题。[①]

从 20 世纪 90 年代开始,随着企业、政府等管理决策者对企业形象战略的逐步重视和实施,国内学者开始在城市规划中借鉴企业形象传播的经验,探讨城市形象的塑造、宣传和推广问题,出

---

① 成朝晖.人间·空间·时间——城市形象系统设计研究[M].北京:中国美术学院出版社,2011.

现了一批较有影响的文章和论著,如王建国的《现代城市设计理论和方法》、陈俊鸿的《城市形象设计:城市规划的新课题》、张鸿雁的《城市建设的"CI方略"》、仇保兴的《优化城市形象的十大方略》、卢继传的《持续发展观与城市形象设计》、梁圣复的《对城市形象的思考》、张鸿雁的《城市形象与城市文化资本——论中外城市形象比较的社会学研究》等。在实施城市现代化的更新与改造过程中,人们的城市形象意识逐步增强,许多城市开始在创造有特色的城市面貌方面做出探索与努力。20世纪90年代初以来,全国有很多城市都开始了城市形象的建设,北京、上海等一线城市,在自发的历史进程中缓慢地形成了自己的城市特色和城市品牌,即经济实力、人文景观和历史风貌。而中国越来越多的城市也渴望创造出自己城市的特色来,如大连、深圳、青岛、杭州、武汉、秦皇岛等城市先后提出城市形象建设的构想。进入21世纪,我国已经有五十多个城市在进行城市形象的研讨和城市形象的构建,形象理论研究和实践探索也开始围绕着城市营销问题而展开。如2001年杨开忠教授认为城市营销是利用市场营销理念和方法管理城市,应同时体现需求导向和竞争导向两项原则;2005年,刘彦平博士深入探讨了面向管理过程的城市营销战略,提出应从城市营销价值、城市营销战略系统和城市营销治理三个方面来建构城市营销战略的理论体系,并以北京、香港、首尔的城市营销为例进行了实证研究。

从国内的研究文献可以看出,许多专家和学者从不同的角度出发,对城市形象营销理论进行了探索,提出了一些颇具启发意义和参考价值的理论创见,推动了中国城市形象理论的研究步伐。然而,当下中国的城市形象设计更多的是理论工作者的理论倡导和表层的视觉形象设计。全国掀起了视觉形象设计的热潮,对塑造和提升整体形象起到有效的推进作用,但真正辐射到整个城市还比较有限和表层化,系统性的设计优化也并不完善,没有真正意义上的全面城市形象的系统设计、形象建设、形象导入和传播体系,缺乏有效的城市形象建设机制。

综上所述,目前我国关于城市形象的理论研究正逐步深入,并且开始从城市形象建设的经验总结逐步转移到注重城市形象的文化内涵及其关系的研究,运用认知科学、行为科学观点建立城市形象理论模型研究等方面。

二、中国城市形象设计的前景展望

我国城市形象建设是现代城市社会经济、政治、文化、生态总体影响日益增强的产物,具有积极的社会意义和政府决策需求。随着社会主义市场经济的发展,城市间的竞争与合作、交流日益加强,城市形象对城市经济社会发展的促进或制约作用也越来越突出,城市形象建设将逐渐受到各级管理和决策部门的重视,以及公众的共同关注。同时城市形象理论研究也将为规范我国城市形象竞争、提高形象设计水平和投入效益的,促进中国城市形象建设的健康发展提供必要的管理方法和应用技术,逐步形成有中国特色的形象设计与建设研究学派。

从管理科学发展的角度来看,城市形象作为形象管理研究的主要内容,是现代战略管理、人本管理、公共关系学和行为科学等管理学科和思想兴起与发展的必然趋势,未来中国的城市形象与设计不仅可为城市的对外宣传和文化交流提供科学方法,而且为城市经济社会协调可持续发展战略与规划制定、实施及其管理决策提供原则依据。根据中国跨世纪城市化发展的实际,今后我国城市形象设计与建设的主要研究领域主要体现在以下几个方面。

(1)中国城市形象战略与可持续发展,包括我国城市形象设计与建设的观念与原则;可持续发展与城市形象要求;不同类型城市的文化特征、主题定位与形象战略;城市形象实施工程等。

(2)中国城市形象发展的规律和管理,包括城市形象设计、建设、行动、维护和管理;旧城改造和历史文化保护与城市形象的关系;城市标志性建筑、自然景观在城市总体形象建设中的地位与作用;民族文化发展对城市形象的影响;城市形象竞争的管理法规建设等。

（3）中国城市形象设计的技术与方法,包括城市形象的调查、评价方法和设计、策划技术;城市形象无形资产评估方法理论;城市形象传播技术及管理信息系统开发等。

总之,今后中国的城市形象设计与建设在实践和理论研究两个方面会不断发展,进一步拓展宏观管理的视野,丰富发展现代管理理论,具有广阔的发展前景。

第二节 国际典型城市形象对中国城市形象构建的启示

一、国外城市形象的现状与发展趋势

国外城市形象的研究,溯其源头,可以追溯到古希腊罗马时代。

从传统城市美的变迁中,我们在总体上可以看到城市美的社会意义,大体上可以分为三个层次,一是人与自然和谐的城市美的创造,这种创造从人的生存需求和审美需求出发,规划设计城市环境美、舒适与视觉满足。在不同的国家和地区体现着不同的人与自然的关系。二是人与宗教结合的城市美的创造,这种创造体现了人对宗教价值的追求和宗教价值理念。无论原始宗教还是后来的在全世界范围内出现的宗教建筑文化体系,都在不同的层面上追求立于真善美之上的宗教文化。这种建筑脱离政治和经济价值,构成一定时期和一定民族观念中的最高价值取向。三是人与政治结合的城市美的创造,这种创造是人类社会发展的必然,其结构是两极分化,一部分是与人类的发展趋势相一致的具有鲜明政治取向的城市美创造,并取得了惊人的成就,一部分是与人类社会进步相抵触的政治性城市景观创造,往往成为历史的负面文化遗存,造成人类财富惊人的浪费。

事实上,追本溯源,人们对城市美的追求,是城市建设的一个基本意愿,在意大利的帕尔马洛城(图 6-1),位于威尼斯的北方,是由斯卡莫兹在 1593 年创造的具有文艺复兴特色的"星状城市",这座城市是典型的"在图板上设计出来的城市",鸟瞰这座城市很美丽,并很有特色,但是,它在实际生活中并不十分有效,不同功能的道路都是 14m 宽,这就使功能服从于形式美需求,服从于整体城市形状的需求,虽则平面具有形式美,但不符合城市发展的需求。中心广场—广迪广场面积有 3 万 m^2,超大型设计,与城市规模不相称。这种城市美的塑造虽然具有明显的理想化的色彩,但毕竟是在想从形式美的意义上塑造城市。

图 6-1　意大利帕尔马洛城

"城市造美运动"在美国曾有充分的发展。1893 年是美国纪念美洲发现 400 年,同年,通过努力芝加哥争得了世博会举办权,并以该市南部的一片沼泽地为世博会的场地,在芝加哥创办了哥伦比亚博览会,这一建筑群是一个所谓"永久性的建筑——两个梦幻之城",明显地是在从美学的意义上创造一种建筑的高雅、豪华,甚至可以说是奢华,有精美的古典建筑、有豪华的广场和价格昂贵的绿地,很显然,这种城市美化运动成为美国地方政府的政治宣传内容和体现政绩的内容之一。而真正的"城市美化"这一概念是由 Mulford Robinson 提出来的,他是一个专栏作家,他利用美国芝加哥世博会城市建设的机会,倡导城市美化运动,并用此改变城市原来肮脏的状况,这一过程产生一个重要结果,人们把他所倡导的城市改造称为"城市美化运动"。

西方传统的"城市造美"具有唯美而美的目的,是在提升城市整体品质,是城市发展战略的构成,而我们提出的城市形象建设更重要的是在创造社会进步。奥地利人卡米诺·西特1889年出版的《城市建设艺术》一书,是城市规划学界一本较有影响的学术著作,先后四版其书,译成多种版本。通过城市形象的构建,使城市市民对城市产生心理归宿感和荣誉感,热爱自己的城市、爱自己的家乡、热爱自己的土地和国家。城市形象建设与西特的城市艺术的建设一样,使城市的文化更具有文化资本的价值,不仅吸引旅游者,还吸引投资者,可见,城市形象建设更具有广阔的意义,是城市艺术建设的再发展和扩展。城市艺术本身是强调城市的物化存在的艺术,而城市形象建设不仅强调城市物化存在的艺术化,同时,更强调城市人的行为的科学化、艺术化、善行化和与社会进步方向的一致性化。

由于国外的城市建设与城市规划体系能够较多地体现设计者与规划者的意志和构想,在城市形象总体的塑造上,既能够较好地反映城市形象创造者的个性,也能够较多地展示城市形象的个性,因此,城市形象的个性化和个性化的城市形象,往往可以通过城市规划与建设反映出来。

世界上比较有影响的城市,为不断提高国际地位,提升国际形象,都塑造了或正在积极塑造"别致的差别优势"和"差别的想象"。城市形象与城市经济、社会、文化发展的关联性,越来越受到人们的重视,发达国家无论在城市形象理论方面,还是在城市整体形象的建造方面,都取得了很多成功的经验,值得我们借鉴。

二、日本的历史文化城市保全

(一)城市"个性化"展现

日本有三大都市圈,即东京圈、名古屋圈、大阪圈。近代随着经济的发展及由此带来的高速城市化进程,经济、人口向这些大城市圈的集中是令人惊诧的。据说大半的日本人都有此情怀。在经济急速发展和高度城市化的今天,如何通过历史性街道的保存来保持原来的城市景观,恢复消失中的城市个性,已成为现代城市建设者的一个重要研究课题。

城市的主角是市民。在东京,有"山手""下町"等江户时代以来的地域构造,其街道和社会构造以及居住在那里的人们,都呈现出各自不同的特点,或者应该说"有各种各样表情"。地方城市也具有类似的特征。比如,四国的人有四国的表情,九州的人有九州的表情,他们是各不相同的。每个人的身上,都凝结着当地的风土性和历史性。

(二)城市"历史性"追求

日本将明治维新以前建立的城市称为历史性城市。严格地说,历史性街道必须存在于历史性城市中。由于城市再开发和活性化等建设项目的实施,现存的"历史性街道"正慢慢地消失。

1. "杜之都"——仙台

仙台是一座具有百万之众的日本政令指定城市。仙台市被冠以"杜之都"的美誉是从1915年开始的。"杜"是指人为地植树造林。仙台从大正初期(大约100年前)就开始积极地进行绿化。曾经有这么一个说法,就算是"榉树"枝叶堵住了"房间"的窗户,仙台人也毫不在意。这是因为他们与自然共存,以"杜之都"为豪。走在青叶大街和定禅寺大街(图6-2)榉树林立的大道两旁,可以充分领略"陆奥风情"。在这里,甚至可以看到开始于藩政时代的点心铺。可以说,仙台是少有的能够拿着市场上出售的"导游图"散步的城镇。

图 6-2　定禅寺大街

2. "森林之都" —— 盛冈

盛冈位于日本岩手县中部,是县厅所在地,于 1889 年建立市制。市区位于南向的北上川和中津川、零石川交汇的河岸段的丘陵上。1611 年以来,盛冈作为南部氏 20 万石的城下町发展起来,是个保留着城下町特色的森林之都,被誉为"城市性整合的城镇"。在这里,有重臣官邸的内丸大街是官厅街,东北本线开通后发展起来的肴町、本町是中心商业街,而继新干线开通后,始于站前的开运桥大街取得了惊人的发展。

盛冈是一座出版、印刷业兴盛的城镇,除此之外,其手工纺织在日本也一直得到好评。传统工艺的南部铁器、南部古代型染等,也深受大家欢迎。

此外,这座拥有 23 万人口的城下町城市,不光风景优美,而且人才辈出,曾有过不少的首相和学者。位于中之桥大街的西洋馆岩手银行总店(原盛冈银行总店)风格独特,是一座圆形屋顶的洋式建筑,风格非常协调,出自设计东京站的建筑家辰野金吾之手(图 6-3)。建筑整体是由砖和白色花岗岩构成,左右并不对称,是个构思极其自由的设计。该建筑于 1911 年完工,虽然已经过一个世纪的洗礼,但其独特性和存在感超越了时代而得到继承和发扬。

图 6-3 西洋馆岩手银行总店

还有,绿丘四丁目的"多米尼修道院"现存于郊外蛇岛的"原日本红十字会岩手县支部的旧址"等建筑都值得好好保存,这些西洋建筑为街道增添无限乐趣,虽然只是石制结构,但正因为有了这众多的西洋馆,盛冈才洋溢着独特风情。

3. 活用传统——弘前

"回廊"和"胡同","城堡"和"洋风建筑",再加上"寺庙",和"花柏的篱笆",构成了弘前的原有风景。"和德回廊"和"土手町回廊"等散布于店铺之中。回廊是藩政时代设计的有拱顶的木质结构商店街。步行的人在此躲避冬天的暴风雪和夏天的炎炎烈日的同时,还可以购物。目前,在龟甲町的"石场家"附近,还保留着其原型。

在通往弘前城的大街上,还有一些西洋建筑融入街道布景,如日本圣公会弘前升天教会圣堂、弘前天主教教会、弘前教会、青森银行纪念馆等。它们就像流过现代街道的"明治的河"一样,最后在作为"江户村"的弘前公园处汇合(图6-4)。这是弘前的风土和市民性所形成的"街道保存的图式",虽然是非常自然的形状,但也是人为不断努力建设"历史性景观形成"的手法之一。

4. "陆奥的小京都"——角馆

角馆位于秋田县仙北郡玉川和桧木内川的交会处。庄严华丽的建筑用木,为东北谷仓仙北平原一隅的角馆小镇增光添彩。

被誉为"陆奥的小京都"的角馆(图 6-5),是人为建造的城下町。奥羽山脉丰富的森林资源和仙北平原的稻米形成了角馆的生活基础。角馆正是得益于这两项经济性支柱产业而发展起来的。

图 6-4 弘前公园

据说,角馆的城市规划是从 1620 年着手的,并在一两年之后完成。该町的规划基本由角圣院的修行者承担,经过 370 年的变迁,今日仍保持着当时的状态。当初,町内的房屋都是二层建筑,标准化的建筑物一字排开,构成了独特的城市景观。1620 年,该町有武家房屋 80 户,商家 3513 户,从而形成了佐竹藩的城下町。

图 6-5 角馆町

(三)城市景观构成因素

城市景观是土地利用平衡状况的决定性因素。不可否认,街道自身也与城市景观有着千丝万缕的联系。如果没有了建筑物,那也就没有了街道。

1. "点"

这是作为单体存在的建筑物的布局类型。这种作为"个体"的存在,要成为"城市景观"往往缺乏说服力。

2. "群"

这是在一个区域,多个建筑物同时存在的类型。如果这些只是单纯的集体住宅、观光礼品店的聚集,或者饮食一条街的话,就没有意义了。作为街道的文化价值,如果不包括温暖人心的风景,就不是我们所说的"群"。风格庄重的川越街道有着黑黑厚厚的墙壁、很大的砖瓦和房檐,这就是"群"。另外,角馆的武家房屋街等也是"群"的构成。

3. "线"

这一类型将作为个体存在的建筑物有机结合起来,是使城市景观更加具有情趣的手法。一般认为,欧洲城市文化的原点就是"广场"和"俱乐部",而日本是"道路"和"餐室"。"广场"是市民的广场,是以古典的直接民主制为根基的,而"俱乐部"在没有家族制度的欧洲是作为社交室使用的,是进行广泛对话和多文化交流的地方,也是谈论哲学和艺术的空间。在城市文化的形成中占较大比重的是"道路"。

4. "面"

在我们前面所举出的例子中,可能形成"面"的构成的城市是弘前、角馆、川越,仙台由于战祸而丧失了大部分的建筑遗迹。即便如此,仙台市通过城市规划,正在形成别有特色的"面"。

三、新加坡的城市形象管理

新加坡位于马来半岛最南面,由新加坡岛和附近的几十个小岛组成,面积为 685km^2,人口密集,城市用地紧张,但是其城市绿树成荫、风光旖旎、居住舒适、交通便捷,被称为"花园城市"。这与新加坡政府对城市形象的管理和经营是分不开的。

20世纪60年代,时任新加坡总理的李光耀倡议将新加坡建设成为"花园城市",当时的政府认识到改善城市环境是树立良好的城市形象的关键所在,于是在继承英国规划学家霍华德"花园城市"理念的基础上,根据新加坡实际情况,将这一理念进一步深化发展,为改善城市环境作出了不懈的努力。新加坡政府强势并且高效,主导着新加坡城市规划建设和社会的发展进步。新加坡"花园城市"的形象,是政府全心投入和国民通力合作塑造出来的。

新加坡政府对城市形象管理的目标是"创造一个卓越的热带城市",这个宏伟的目标既着眼于长远的发展,又合乎国情,切实可行。在总结欧美国家城市化过程中的经验教训之后,新加坡政府认识到人和自然和谐发展的重要性,于是"花园城市"作为一种塑造理念贯穿到了城市形象建设的全过程。为了践行这一理念,新加坡政府在不同发展时期制定了不同的发展目标。

在新加坡,政府重视的不仅是城市硬件形象的管理,更注意加强道德建设、法制建设、廉政建设、社会风气等城市"软"形象的管理。

新加坡政府在精神文明建设上的种种措施,为新加坡树立了社会和谐有礼、市民守法诚信、政府廉洁高效的城市软形象。这些城市软形象与规划得体、环境优美的城市硬形象相得益彰,构筑了新加坡"花园城市"形象的灵魂,丰富了其城市形象的内涵,实现了政府对城市形象的有效管理。

新加坡政府在城市形象的定位上抓住了城市的特色,综合考量了自身的历史传统与未来发展,以特色立足,挖掘出了自身的魅力和潜力,在此基础之上开展城市形象管理,准确的形象定位使城市形象生命力旺盛,具有长足的发展力。

新加坡政府重视交通建设和环境保护。其将交通路网建设、交通设施改善、交通工具的健全、交通管理的科学化作为城市形象优化的基本条件,对城市交通进行升级或改造。

为服务于长远发展,将城市环境的美化、优化作为城市形象优化的一个重要方面,对脏乱差地区进行综合整治,塑造优美宜人、有品位的城市形象。

新加坡政府还非常注重以人为本理念的贯彻,城市形象管理中的政策、措施都闪耀着人性化的光辉,其城市形象的管理并不是单纯地追求城市形象目标,而是更多地考虑到市民工作、生活的需要,是在服务于人的前提下实现城市形象人性化管理。

新加坡政府非常重视旅游业的发展,新加坡作为旅游胜地,旅游业的发展为其城市形象的传播创造了条件。

四、意大利都灵的城市文化形象

(一)都灵传统工业形象

都灵位于意大利西北部,是意大利人口第四大城市。都灵是意大利经济的主要支柱,曾作为工业城镇而享誉全球,是意大利的汽车之都,菲亚特汽车公司总部就设在都灵;特别要提及的是,许多城市研究报告均认为都灵的城市特点完全可以和底特律相媲美。

都灵一个非常明显的特点就是具有较高的社会整合能力。这种整体概念在很大程度上通过群众工作和体现专业工人自律和自豪的"工业文化"表达出来。

(二)都灵城市品牌与城市构建

1. 设想阶段:从制造业到技术特征

关于都灵的城市品牌,有必要强调一点:推广这座城市的形象尚属全新的现象。20世纪80年代和90年代初期,有关都灵城市形象的若干问题均成为本地重要文化机构所争论的焦点,但

并没有引起市政府的注意。过去曾经勾画的城市假设形象中,有
"MITO①""GEMITO②""机电技术区③"及都灵科技城。这些品牌
设想的两个重要维度均得到了高度重视。

(1)这些品牌构想的非正规性。这些品牌构想均是由文化工
作者自行提出的,从居民的角度出发,它们都缺乏合法性。不过,
这些构想同时强调了城市品牌和愿景政策的紧迫感。

(2)这些构想体现了一个共同特征:试图推出一种不同于菲
亚特的构想。20世纪80年代,这些形象均强调都灵其他的制造
行业特征,而在20世纪90年代后期,特别是在经历了1996年工
业危机的艰难时期后,这座城市则普遍排斥制造业标识。

2. 推进阶段:制定战略规划

20世纪90年代后期就存在推广都灵城市形象的紧迫感,当
时设立了几家公私机构:

(1)ITP,为1997年设立的一家区域机构,主要是招商引资,
并协助外部企业在本地区投资建厂,从事经营。2006年,ITP进
行了改组。它和IMA(一家从事农副食品营销的区域机构)合并
且推出了一些活动,并更名为皮埃蒙特区投资、出口和旅游局。

(2)三家本地旅游机构(分别名为ATL1、ATL2和ATL3)属
于一家于1997年设立的公私财团,每家旅游机构均专门从事都
灵省境内的某一部分业务的推广。自2006年以来,这三家旅游
机构合并为一家机构,并命名为"Turismo Torinoe Provincia"。

(3)一些专门从事具体专题领域业务的机构,特别是都
灵会展局及都灵电影委员会,都灵经过两年的设计并于2000
年获得第一个战略规划的批准,也叫作"都灵国际(Torino
Internazionale)",标志着城市品牌推广迈出了重要一步。

---

① 沿着130km轴线建设强大功能整合区的构想。
② 区域范围和上面的相同,但包括热那亚。
③ 一个机电技术专区。

3. 雏形阶段：都灵冬奥会

都灵冬季奥运会为实施大型城市形象与城市品牌构建活动提供了绝佳机遇。2006年,都灵市接纳游客110万人,基本上全年都呈不断增长的态势,然而在接下来的一段时间里就出现下降趋势,这体现了冬季奥运会前后几年出现的正增长态势。即便旅游业增长不那么快速。但不可否认的是,冬奥会有助于提升意大利的旅游业。

在品牌领域,冬奥会的申办竞争也会促进都灵制订具体的沟通计划,由一个名为中央沟通服务中心的特别办公室进行组织和管理,旨在"形成城市的新识别体系"并更新其营销材料。即使宣称材料由其他机构制作,比如皮埃蒙特区,但中央沟通服务中心仍然是都灵推广活动的核心机构,负责全面组织和协调形象构建的整个过程。都灵市政府对沟通规划提出主要的指导方针,但中央沟通服务机构在推广活动中要发挥自主性(表6-1)。

表6-1　都灵城市创新品牌构建

总体构想	组成成分		
	可视和物理元素	口号及描述	事件
娱乐	拥挤场所、酒吧和俱乐部的图片	各式各样的营销材料;看望朋友、聚会、跳舞和泡吧等丰富的活动	没有具体的事件
艺术	可视营销材料,新艺术品的悬挂和安装,古老巴洛克风格的艺术品的升级和推广	各式各样的营销材料;托里诺(Torino)是艺术和娱乐的城市,也是智慧和物质世界文化之都	数个艺术事件(音乐、剧院、剧场及可视艺术等)
多样性	表现世界不同地域人们的可视材料,特别是与旅游和具体事件相关的可视材料,比如大地母亲	没有具体的多样性或宽容性参考材料	大地母亲、世界食物社群大会、从索多玛到好莱坞

总体构想	组成成分		
	可视和物理元素	口号及描述	事件
夜生活	展示夜景"Movida"、俱乐部和拥挤场所的数张图片	不同营销材料；托里诺（Torino）演出、卡巴莱表演、文学咖啡馆、街道艺术节、舞蹈和俱乐部	不眠之夜（城市通宵派对）
高等教育	没有具体的图片	大学和理工学校的参考资料	研究人员之夜；2007年世界大学生冬季运动会
其他（商品：美食与红酒）	大量可视营销材料	各式各样的营销材料；欣赏美食和美酒毫无疑问也是都灵文化的一个重要组成部分	诸多事件：巧克力和书等

第三节　中国典型城市形象构建的典型

一、敦煌的地域文化城市形象塑造

敦煌是一个历史悠久，具有浓郁本土地域文化特色的城市。早在汉武帝时期，这里已经开通了丝绸之路，朝廷在河西设四郡，置两关，保证丝绸之路的畅通，成为连接东西方政治、经济、文化交流的重要通道，这时就奠定了敦煌在丝绸之路上不可替代的地位。

经过了几千年中西文化交流、各民族的文化聚集，让敦煌成为一个独具特色的城市。我们保存着敦煌的历史文化，延续着敦煌的富饶，同时在发扬着这里的精神跟上现代城市化建设的步伐。

2013年9月国家主席习近平在对中亚的访问中，首次提出共建"丝绸之路经济带"的战略构想。而敦煌作为"丝绸之路经济带"上最具代表性的城市被推向国际舞台。敦煌在古丝绸之路上的特殊地位使得其城市视觉形象与城市文化的塑造显得格外重要。

（一）敦煌的历史文化

敦煌，古丝绸之路南、北、中三道的"咽喉之地"，在几千年的历史中盛衰轮转，几经沧桑，东西文化曾在这里交汇碰撞，北方各民族文化曾在这里扎根繁衍，茫茫大漠，无边戈壁，独一无二的地域风貌塑造了敦煌这一奇特的"沙漠绿洲"。

国际著名的东方学大师季羡林先生曾这样描述这座神奇的小城："世界上历史悠久、地域广阔、自成体系、影响深远的文化体系只有四个：中国、印度、希腊、伊斯兰，再没有第五个，而这四个文化体系汇流的地方只有一个，就是中国的敦煌和新疆地区，再没有第二个。"古丝路上的敦煌充满着各国不同的文化，呈现出色彩缤纷的文化景象。

历史将敦煌打磨得更加多元共存、包容开放，而敦煌石窟则是敦煌灿烂文化的最好见证。从敦煌学的文化和对莫高窟中雕塑、壁画、文献的挖掘（图6-6），以及围绕"丝绸之路"的重要地位这两个理念出发，敦煌多元化的地域特色文化特点主要综合归纳为以下三个方面：

（1）历朝历代的北方各民族文化的融合。

（2）西汉时期开始中原汉文化占据主导地位。

（3）佛教文化贯穿了敦煌历史的始终。

（二）敦煌城市形象的界定与塑造

1. 敦煌城市形象的界定

敦煌有其特殊的城市魅力，它拥有"咽喉"一样重要的交通地理位置，悠久的历史文化积淀。所以对敦煌的城市视觉形象塑造定位在敦煌的地域文化基础上，用文化来包装城市，进行特色化的城市改造,提升城市品质,带动旅游发展,建设敦煌特色的国际文化旅游名城。

图 6-6 莫高窟

"丝绸之路"在中国甘肃段的历史地位非常重要,敦煌位于河西走廊最西端的咽喉关卡(图6-7、图6-8),南枕祁连、西控西域,是中西交通、贸易南北两道的分合点,故而成为东西方文明交汇的枢纽。最初这里极为繁华,后来,发展至海上丝绸之路后,陆上的丝绸之路逐渐衰落,敦煌也随之失去了往日的辉煌。

图 6-7 汉代阳关遗址

图 6-8 汉代玉门关遗址

2.敦煌城市形象的塑造

（1）敦煌符号。由于敦煌在古丝绸之路上的历史地位,以及一千多年不间断的石窟营建史,让敦煌留下了许多人文景观。其中敦煌石窟中的飞天画像已经成为敦煌城市的代名词。

飞天的形象作为敦煌的象征早已深入民心,成为代表敦煌特色的典型符号,其城市的标志雕塑就是飞天舞蹈中的反弹琵琶。如果漫步在敦煌的大街小巷,飞天的形象随处可见,具有强烈的地域特点。

在敦煌,大漠、绿洲、戈壁、雪山、温泉、湿地共存共生。大自然赋予了敦煌奇特的自然景观资源。沙漠与清泉相伴的鸣沙山月牙泉,以"沙岭晴鸣,月泉晓澈"（图6-9、图6-10）著称。魔鬼城之称的雅丹国家地质公园,常年风蚀形成罕见的奇特地质景观,形态各异,是迄今为止在世界上发现的规模最大、地质形态发育最成熟的雅丹地貌群落。

图6-9　鸣沙山

（2）敦煌的地域色彩。基于敦煌的历史文脉、地理风貌和气候特点,代表敦煌地域色彩的定位应该与环境基调相协调统一。大漠的颜色,以暖黄和灰白为基础色调,汲取敦煌壁画中的颜色朱砂、青绿、储石、青灰等搭配,构成整个城市色彩体系。

图 6-10 月牙泉

（3）敦煌的大数据时代。经济全球化背景下的城市化发展日益加快,人类的各种生产生活方式都发生了极大的变化,迎来了大数据的时代,当下城市面临着众多发展机遇和更严峻的挑战。敦煌也是城市创造性建设重构大军中的一员,数字信息技术、大数据时代为创建国际文化旅游名城、国际敦煌学研究中心开拓出优越的平台,带给敦煌巨大的发展潜力。

（三）敦煌城市形象的地域文化打造

1.城市建筑

敦煌特色化城镇建设实施以来,用敦煌地域文化元素包装城市的战略思想在城市建筑中体现越来越深入。以仿古汉唐风格为整体建筑的风格定位,延续敦煌传统地域文化,再现历史辉煌文明的目的,将古典建筑的风韵雅致在现代建筑中得到新的诠释。

敦煌火车站(图 6-11)和入城公路的门楼,作为进入城市的第一个标志性的建筑,敦煌火车站的建筑相当有地域特色,借鉴了莫高窟汉唐壁画中城楼的样式,屋顶舒展平远,门窗朴实无华,规划严整又开朗,规模雄伟大气,气势恢宏。

图 6-11　敦煌火车站

敦煌建筑还有一个特点就是古代建筑"阙"结构的运用(图6-12),即指皇宫大门外两边对称的望楼,或庙坛、墓道大门外左右两侧的高台、石牌坊,象征着庄严、尊敬的装饰性建筑。

图 6-12　敦煌山庄"阙"型建筑

2. 道路景观

城市空间环境中街景是人们最常接触的地方,也是人们与本土地域特色文化进行沟通最直接的渠道。漫步在敦煌的大街小巷,会看到弥漫着浓厚历史文化气息的地面铺装和古朴而精美的灯饰。

以敦煌市中心的标志性建筑反弹琵琶雕塑为坐标(图6-13),东南西北延伸四条主街,阳关中路的地面铺装是表现阳关古道辉煌的"文物街"和"名胜街",沙州南、北路两侧分别铺装了讲述沙州开放史和文明史的"开放街"和"文明街"。

图 6-13　敦煌市中心反弹琵琶像

　　除了五条主路的地面铺装之外,各条马路上颇具敦煌地域特色的路灯造型成为小城的又一亮点(图 6-14),这些造型无处不体现着敦煌特有的自然风貌和历史文化。

图 6-14　敦煌街道路灯

3. 公共景观空间

　　敦煌风情城、党河风情线两大景观工程建设是敦煌这座小城的福利,更极大地丰富了敦煌居民日常休闲娱乐的生活。汉唐古建筑风格的亭台楼阁、广场雕塑、丝绸之路文化墙、九龙喷水的党河大桥、网型结构特点的白马塔大桥等建筑物上的图案纹样,每种事物都在"润物细无声"地展示着敦煌的特色,在整个敦煌市的各个角落都可能有一些元素融入进去。敦煌石窟中传统元素的挖掘提炼与现代城市文化元素的重构融汇,新型建筑材料功能与历史地域文化元素的应用结合在敦煌的小城中体现得如此和谐统一。

二、北京的城市文化形象建设

（一）首都意识

北京是中国的首都，是祖国的窗口，也是世界著名的四大文明古国的首都。首都意识首先是"主人翁的意识"，核心是一种负责精神，北京应成为首善之地，全国表率。然后是"文明礼仪"意识、"道德规范"意识，要指导全体市民讲文明，讲道德。最后是"国际风范"，即我们的"文明礼仪"和"道德规范"是建立在建设现代化国际大都市的前提下的。

（二）北京历史特征

早期的"北京人"生活在大约 20 万～50 万年以前，属于旧石器时代早期，公元前 2000 年以后，北京地区就结束了石器时代进入了青铜时代。从元朝正式成为全中国的首都至今已经有 850 年历史了，北京是中国的政治文化中心，是一个有着光荣传统的城市，一个有着文化底蕴的城市，一个出了无数志士仁人的城市，是一个特色鲜明的美丽城市。

北京史可划分为三个阶段，即先秦时期、军事重镇时期、帝王之都时期。三个阶段各有特色，而后一个阶段又是前一个阶段发展的必然结果。所以说北京历史发展的轨迹不但完整清晰，而且具有方向性。

北京北枕长城，南控运河，处在交通的地理要道，属于必攻必守的城市，多民族在这里互相认同、互相融合，多元文化在此共存，形成了一个人口流动快速的大城市。

（三）北京城市形象建设的现实意义

建设北京城市形象对强化北京政治地位有重要影响。城市形象这一无形资产在城市发展中的长期潜在作用不容忽视。能够代表北京地位的城市象征物除了具有代表北京城市客观性的外延意义外,更重要的是带有主观性的内涵意义,即情感作用,是指当我们一看到城市象征物,就可以直接联想到北京的重要地位和种种个性特征。

1. 经济发展

建设北京城市形象对北京经济的发展有重要影响。一个城市如果没有完整统一、清晰可视的形象,就很难深入现代经济领域。城市要长期发展,唯一的出路就是提高自己的可识别性,在视觉景观、民俗风情、生活消费和经济发展等方面,创造自己的城市品牌,塑造城市的视觉形象,彰显城市的主题魅力。城市的视觉形象所体现的个性色彩越鲜明,城市的商机就能应运而生,城市也就越有经济活力。因此,提升北京进入 WTO 之后的城市形象,实现北京的可持续发展,促进北京在世界范围内的经济交流,更加需要建设北京城市形象。

2. 旅游开发

建设北京城市形象对北京旅游的开发有重要影响,北京曾是六朝古都,也是六朝的政治、文化中心,因此皇家宫庭、园囿、朝坛及宗教建筑遍布,且大多保存完好,故文物古迹荟萃成了北京旅游资源的最大优势。北京也不乏自然风景旅游资源,名山、森林、草原、溶洞、温泉、湖泊不一而足。而且新中国成立后 60 多年来,北京新建筑如雨后春笋,北京成了全国最重要的旅游热点城市之一,成为了解新中国的最佳窗口。因此建设好北京城市形象,实际上有利于更好地扩展北京旅游外延、开发北京旅游产品、传播北京历史文化,从而吸引更多的中外游客,繁荣北京的旅游市场,促进北京经济增长。

3. 环境建设

建设北京城市形象对北京环境的建设有重要影响,城市环境建设应以城市理念为基础,以城市文化为背景,以视觉习惯为参照,在设计上遵循民族化与国际化相统一的原则。中外很多城市都将城市形象作为城市环境建设的指导思路。

（四）北京城市形象建设的特殊位置

1. 国际大都市的定位需求

当今社会,城市之间的竞争,在一定意义上体现为城市形象的竞争。一个城市,乃至一个地区要走上国内外市场,首先要考虑的一个重要问题就是以什么样的姿态出现。如今,世界上很多著名城市都有自己的市徽、市旗、市花、市树、市鸟等视觉要素作为城市的标志,用以凸显城市鲜明的特色和准确的定位,这不仅能够提升城市作为国际大都市的形象,而且能够促进经济发展和文化交流,加强民众的凝聚力和归属感。

任何有悠久历史的城市,都在历史长河中积淀了自己厚重的文化,并由其标徽体现出来。像是罗马的古徽由母狼改为独首鹰,东罗马帝国成立后,又改为双首鹰。这些动物标志不是人们凭空想象出来的,它源于城市原始的图腾信仰,与城市悠久文化历史的深度密不可分。

莫斯科的市徽是由深红色的盾牌构成的,骑士面向右侧,穿着银色盔甲,披着淡蓝色的披风,手里握着锋利的金色长矛刺向一只黑色的蛇状怪物（图6-15）。它是于1781年在"乔治十字勋章"里关于蛇魔的传说的基础上设计的,反映了莫斯科城市悠久的历史和传统的文化信仰。巴黎的市徽采用了一艘扬帆前进的渔船为图案,银色帆船就是巴黎起源,河流与船只图纹就是象征巴黎永不沉没的历史意义（图6-16）。

日本的首都东京是世界上名列前茅的国际大都市,同时也是日本的政治、经济、文化中心。它的市徽是以太阳为中心向四周放射光芒的图案,象征东京是日本的中心,同时寄托了东京市民的美好愿望。

图 6-15 莫斯科市徽　　**图 6-16 巴黎市徽**

韩国大邱市吉祥物名 FaShiony,代表大邱市时装城的特点,也象征着大邱传统"飞天像"花纹的美感与期望大邱市发展成 21世纪国际纤维时装城的愿望。

北京作为国际大都市,在亚洲乃至世界都具有举足轻重的地位,同时,北京也需要在交流中凸显深厚的文化历史根基,更需要在国际市场上突出其国际化的特色,所以北京理应像东京、莫斯科、大邱市那样建设一套体现国际化大都市特色的城市形象,将自身蕴含的悠久的历史文化财富和独具一格的城市特色转化为可感知的视觉形象,从而突出城市个性和独特魅力,为北京走向世界奠定基础,使北京成为一个具有中国特色的北京,而不是世界通用式的北京。

2. 首都地位的构建需要

北京是直辖市,而且是中国的首都,然而在城市 VIS 建设方面,却走在了同样是直辖市和国际大都市的上海后边。上海市是中国四个直辖市之一,它的市徽是由市花(白玉兰)、帆船、螺旋桨组成的三角形图案(图 6-17),象征其长江三角洲地区的黄金地理位置和全国水陆交通中心的商业地位。其市花白玉兰是名贵的早春花木,象征纯洁、刚毅,清新高洁,有着美好的寓意。同时,上海几乎是我国唯一选定玉兰为市花的城市,又为其规定了标准色白色,因此上海的形象定位和识别性自然强于其他城市。

图6-17 上海市徽

中国很多城市也都致力于城市 VIS 的建设,兰州、烟台、楚雄这样的中小城市也都相继建起了自己完整的视觉形象识别系统,而且还出版了相关书籍。

南京市又称"石城",是六朝古都,中国七大古都之一,是文化历史名城,有"江南佳丽地,金陵帝王都"的美誉。它的市徽是由城墙、龙、虎、辟邪石兽、长江水组成的,象征古都历史悠久和遗产丰富的内涵。

它的市花梅花和市树雪松的确定是由其历史作用决定的。南京不仅是古都,而且是革命圣地;不仅有皇城等古建筑,而且有梅园新村、梅花山等富有历史意义、象征革命精神的梅花圣地。南京人赏梅、爱梅,赏松、爱松,还因为梅花和雪松都具有经得住风雪严寒考验的坚强品格。而且,梅花绽放,是最早迎接春天到来的花;雪松则是四季常绿、风雪不惧的常青树。这些特点正与南京市作为革命圣地起到的历史作用,以及革命先驱大无畏的精神相吻合。因此南京城市形象的确立是由它在历史中起到的特殊作用决定了的。

北京作为古代史上六个朝代的都城和近代史上"五四运动"的发源地,同样拥有古老悠久的历史和旗帜鲜明的革命精神,是具有三千年历史的历史文化名城和革命圣地。但是北京却没有象征自己历史悠久的视觉标志,已确定的市花和市树也没有关于北京革命精神方面的含义体现,所以北京建设一套内涵丰富、体现历史价值和城市精神的城市形象十分必要。

北京文化渊源很深远,文化氛围列居全国之首。北京可以从其他历史文化名城借鉴经验,博采众长地设计一套城市形象标志来凸显自己文化特色和文化内涵。

日本京都是一个历史都市,从 794 年成为日本的首都,名为"平安京",至今已有 1200 年的历史。京都完整地保留住了它千余年的历史文化遗产。古都的北部有天皇的皇居和政府机关。在历史上,它是日本政治的中心。以天皇为首,贵族、官员、武士等都生活在这里。

京都市的徽章始创于 1960 年 1 月 1 日,它在原有的简章基础上,增添了皇宫车轮的图案,再配上蔓草花纹。简章的颜色为黄金色,皇宫车的颜色是代表京都的紫色(图 6-18)。

图 6-18　京都市徽

北京是中国重要的交通枢纽,它地处中国北方交通要道,自古就是兵家必争之地,到今天它已经不仅仅是铁路网上的一个交汇点,而是一个中心辐射点,这种绝对优势的地位是其他任何城市不能替代的。北京也有特殊的地理位置和别具一格的旅游特色,完全可以通过市徽、市旗等形象设计来表达这些特点。

三、中国城市形象理论的发展与实践

对中国城市形象的研究与应用,从城市美学的意义上也可以追溯到上古时代。如《周礼·考工记》有关"前堂后市,左祖右社"的记载就是城市结构的一种描述。对于居住环境,中国明朝的学

人文震亨曾有"三忘"之说：即一个好的环境"冷居之者忘老，寓之者忘归，游之者忘倦"，可谓流连忘返。1928年陈植在《东方杂志》上发表了文章，强调"美为都市之生命"，在20世纪30年代大学的教材《都市计划学》中也专有"城市美观"一章。

直至改革开放初期，中国的城市形象也是寓于城市规划理论之中的。1989年出版的《城市环境美的创造》一书，很多学者如李泽厚、吴良墉、齐康等从环境美学和纯美学的意义上对城市加以研究。如吴良铺先生的《城市美的创造》一文提出对城市美的认识，他认为城市社会的复杂性决定了不同层面的人。

1995年前后，中国国内有关城市形象的文章和成果陆续问世，从发表的文章的情况看，中国的城市形象理论研究正是方兴未艾。截止到2002年2月，全国发表的有关城市形象的文章达上千篇，成就巨大。当代中国的城市形象问题，在理论研究取得了一定成就的同时，在城市形象的实际塑造与建设方面，也有一些可喜的成果。

在广东省，花都市较早地提出了城市形象建设问题，并在全国第一个配套引入地区形象战略。广州市的城市形象工程正在有序地进行着，通过商业街的改造和景观建设，已经展现了新广州的城市形象。在四川省成都市于1995年提出了"成都市整体形象塑造迫在眉睫"的观点。在山东省青岛、烟台、长岛县先后开始了城市形象的建设。在河北省成立了"河北形象推进委员会"。

另外，中国城市中的各类型的开发区，因为具有双重职能，既作为一种企业化形态，又作为政府机构所进行的形象塑造，具有区域形象的特点。在形象塑造中，既美化了开发区，又提升了开发区的形象，进而为招商引资创造了条件；有些省级以上的高新技术产业区和经济技术开发区，在完善其规划的基础上，精心塑造外部形象，使其不但成为科技含量高、经济发展快的经济先导型园区，而且成为功能较齐全、外在形象美、具有现代风貌的对内对外开放的城市"形象区"。

四、中国城市未来的理念创意与形态模式

（一）城市规划理念自新形象要素诉求与概念组合

一个城市能够以森林生态为重要的发展模式，利用城市特有的或山或水或森林或城墙等特殊优势，可以创造全新的城市形象和城市理念，并在城市的整体规划中加以落实和应用。

如英国的城市建设早在 20 世纪初就已经建有较为系统的城市规划的理念与法规系统（表 6-2），如在 1909 年根据"花园城市理论"制定了《住宅及都市计划法》（ *Housing Town Planning Act 1909* ），到了 1947 年都市规划进入相对成熟期，在规划理论与方法中，已经有规划理念、规划法规、专业的政府规划体系和都市规划教育体系，城市规划的理性化、科学化和理念体现集中在《都市与乡村计划法案》中。

表 6-2　英国城市计划开发的理论体系与整体认识

规划理念	希望舒适空间	土地使用功能区分	城市的整体性规划建设	希望人口与产业分散	都市规划回馈社会
概念手法	舒适性、田园风格、田园都市、田园郊区、低层低密度住宅、设计准则	否定人口集中性巴洛克报告书、大伦敦计划、新镇、绿带	开发管制	否定渐进式都市计划、否定基本公共设施式的都市开发	乌斯瓦特报告书、工党土地政策

城市规划后的结果和城市的发展，会创造出个性意义的文化符号，如果说香港的要素是一种旧有文化、殖民文化、西方文化和中国文化的整体组合的话，那么南京就是在华夏文明的海洋中的中国文化精英型城市，其内涵展开是：

南京 = 森林 + 长江 + 钟山 + 城墙 + 六朝文化 + 秦淮文化 + 民国文化 + 现代文化景观 + 吸氧 + 健康 + 美感 + 长寿 + 花园 + 智能 + 快乐 + 创业 + 科技 + 山水城林整合 + 金陵文化等。

（1）在创造一个充满创业机会的城市的理念下，城市规划与城市形象设计要求均好性、适应性、平等性、舒适性。只有个性差异，没有质量差异和功能完善与否的差异。

（2）生活品质要求一个城市能够体现八个字：静、清、洁、幽、美、透、香、敞。

（3）城市空间创新存在于城市建设与发展的全过程，森林、花园、草坪、山、水、家居、人文环境、特色文化、商业配套、街巷文化"十项一体"，分合得当，并能够得到社会的广泛应用。在城市环境的感受上，保持原有自然本色，回归自然。

（4）绿色城市："森林与花园在城市里，城市在森林与花园里。"主题表述"城市在山水中，山水在城市中；森林与花园在城市里，城市在森林与花园里；森林与花园在人丛中，人丛在森林与花园中"。

要创造最适合人居的引导21世纪居住潮流的城市，就必须在城市建筑文化体系上有一个全新的思考。由于中国是一个正处在从农业社会向工业社会转型的历史阶段。乡村文化对城市文化具有强烈的"渗透性"，城市人还没有摆脱乡村生活的习惯和交往关系，因此，城市形象建设在观念上先行一步的认识基点是：首先，摆脱传统乡村的文化观念，不要使城市成为一个"传统大乡村"的模式；其次，创造城市的个性。在建筑造型上可以采取多样化的形式；欧式、民族式、无风格属性、现代性、后现代性、超现实性、传统回归型及局部欧式等。一个城市的建筑类型要多样化：小高层、多层、多层式洋楼、跃层、别墅、联体别墅、错层、超高空间、横向扁平式、错层坡顶、低层高密度洋房、连排组合式等，使城市存在的意义更丰富，改变中国城市在20世纪70年代没有个性的统一结构与形式。在城市生活方式上，现代化新型园区创造与世界同步发展的基础条件，户外与街区园林化，生活居住园区数字化（智能化），城市整体生态化。

为了更好地塑造城市形象，可以提出城市中心区更新与城市功能区置换的概念。很多城市的老城区仍然具有农业社会结构特点,有些旧街区房屋还曾经是农民的住房,有些城市区显得陈旧。现代工业与信息产业的发展决定了城市的区域性结构变迁必然是呈"多核心状态",新兴的服务型产业必然对城市各种区域功能提出新的要求,生产型服务产业对老城区的空间有着强烈的"侵入"作用,会使城市中心区的功能产生位置置换或位移。

集中人力、物力、财力,高速打造城市CBD,创造城市商圈形象。在中心城市改造方面,应该建立以服务整个城市境内人口和周边城市人口为目的的商业中心区,可称为完全CBD,并使之形成结构性自动升级功能,直接进入结构高级化状态。建立集金融、信息、科技、商业、休闲、娱乐、商住、旅游于一体的,具有结构高级化的城市CBD,通过城市中心区的商圈形象,进一步提升城市的整体形象,在上海、香港、台北、纽约、巴黎等,都有过通过CBD创新、创造城市商圈形象的成功经验。

建立大规模的新型数字化社区。如果一个城市的形象建设能够在数字化城市、学习型城市方面达成共识,对城市的改造就应该是高起点,包括对原来的老城区进行大规模的更新改造。这里要明确提出的是城市居住型社区建设应该注意其规模开发、整片开发及与城市发展相协调的开发体系。

（二）学习型数字化城市战略

城市形象系统（City Identity System）在城市经济、社会发展领域被重点凸显出来,与城市社会的变迁加速有关,城市面貌日新月异,如何尽快拓展城市功能、增强国际化能力、占领新一轮城市发展的高地,从而创建21世纪城市的新形象是非常重要而又急迫的课题。

中国的省会一级城市,一般都具有科技、市场、交通、信息、工业等方面的某种优势,上海、北京、深圳、广州、南京、苏州等城市在有些方面一直处于全国的领先行列,其特殊的区位更使其在全国经济发展格局中占有重要的和不可忽视的战略地位。构建数字化城市既是城市形象建设的需要,也是国家整体经济发展、优化地域生产力结构的需要。

数字化的意义在于城市的科技化发展程度,包括城市管理本身的科技化和城市内在经济与社会发展的科技化。信息技术的影响是深远的,产业转型和社会变革是不可避免的。信息技术的革新掀起了新时代的数字革命,特别是互联网和电子商务的兴起,不仅彻底改变了经济增长方式,而且也改变了城市的格局和人们的生活方式。现代通信、电子计算机、信息资源(信息内容)三者各自网络化及其相互渗透、联结、联合,形成信息全方位的服务互联网络,当连接到互联网上的人数倍增时、当互联网的商业应用在成长时,社会经济的增长将在未来几年加速,更重要的是这种加速不仅是在信息技术部门本身,而且跨越所有经济部门。目前,互联网浪潮在全国各城市方兴未艾,一些大中城市已经开始了自己的信息化战略部署,着手构建信息时代的数字化城市,以致能在未来的挑战中保持自己的优势。美国《新闻周刊》评出全球九大新兴科技城市,中国的苏州赫然列九大城市之首,2000年苏州的科技工业园和苏州新区共招商引资 80 亿元,有富士通、飞利浦等 550 家企业入园。其他名列科技新兴城市的有美国的奥克兰、亨茨维尔、阿克伦、塔尔萨,巴西的大坎皮纳,西班牙的巴塞罗那和法国蓝色海岸高科技商业园。

(三)信息化与数字化城市社会基本特征再分析

数字化城市已经成为城市现代化的发展方面,近年来出版了很多有关信息城市、数字化城市著作,这些著作的出版给了我们一个全新的城市发展趋势。

信息城市社会带给我们的是城市社会网络化的发展,在这一社会体系中有如下特征。

1. "社会关联特征"

托夫勒在《第三次浪潮》中指出了工业社会的六个相互关联的原则:标准化、专业化、集中化、同步化、大规模化、中央集权化。标准化,即社会生活的各方面所遵循的规范化、统一化规则。专业化,即劳动分工、操作工序、教育培养目标等专业化。

2."新型职业和就业特征"

这个特征就是新的职业、新的行业和新的工作形式,都是前所未有的状态。从事脑力劳动的高级管理人员、专业技术人员、高级职员、店员、教员、文秘等白领就业者将成为社会就业者的大多数,蓝领阶层日益衰落,而白领阶层不断壮大,形成白领社会,并确定了专业技术阶层的主导地位。美国在 20 世纪 50 年代,白领阶层数量就超过了蓝领阶层。在新的职业与就业特征中,工作时间、工作形式、工作内容都产生全新的意义。

3."各类社会组织结构扁平化特征"

无论是城市管理、社区管理、企业管理、企业市场网络管理都有扁平化趋向,这既有人的素质提高的因素,更有现代通信手段与技术革命带来的管理要素的简约化和管理通道高速化等因素。很多远距离的企业管理除了依靠现代交通的便捷外,还可以通过现代网络工具实现"远距离的面对面"或"远距离的直接管理",构建天涯若比邻的管理感觉。

4."生活方式与人际关系回归特征"

私家交通工具普及、公共交通具有可达性与均好性、电子通信技术的家庭化等,促进新型核心家庭的重建与回归。城市形态在扩张,不同的国家表现不同的城区形式,但是在自然回归创造人与自然新的和谐层面上,世界具有一致性。人们的交往半径、交往时空都出现与以往不同的形态。人们有更多的时间与自然、与他人交往,休闲与工作的内涵与特征包括工作与休闲消耗的时间比例正在接近。

5."多文化的互动深化特征"

在一个城市内,多种文化共生共存。世界的、民族的、个体的、群体的和不同宗教间的文化成为共生体,城市正在趋向成为一个

"真正的文化容器",城市正在成为一个多元文化的大家庭。

6. "新型远程教育与自我教育结合特征"

数字化带来教育模式的深刻变革。主要表现为互动式教育系统和远程教育系统,特别是高等教育的普及化已经来临。现实中在网上获得的教育知识与在传统课堂上获得的知识,正在成为两种主要渠道,而这两种主要渠道孰轻孰重还在较量之中,现代信息与数字化的发展使传统教育面临全面挑战。

7. "获取信息方式与应用方式发生变革特征"

家庭电子出版物与电子图书馆出现,使获得信息的方式与总量发生变化,使人的差异性成为更主要的特征。

8. "信息城市国际同步特征"

人类步入信息社会后,由于信息产业发展水平的不断提高和规模的不断扩大,城市的经济基础发生了很大变化,信息产业已成为新的基础经济部门,推动着城市向前发展。由于计算机和电子通信相结合的技术手段成为经济活动赖以存在和发展的基础设施和先决条件,城市的技术依赖一旦失灵,城市就会出现整体瘫痪。

9. "经济活动远程化特征"

现代城市的社会经济活动逐渐成为远程活动,表现为远距离的相互作用。各种跨国、跨地区的大公司采用远程工作方式的生产组织形式,金领、白领与灰领阶层是最有可能采用远程工作方式的职业集团,远程工作的劳动力兼业化现象明显,信息劳动力和远程工作劳动力的比重将持续提高。

10. "产业经济家庭化特征"

城市社会经济活动的区位决策发生明显变化,以家庭为基础的经营、文化活动迅速增加。"SOHO 一族"正在兴起。城市经济活动和人口非中心化、分散化仍是主要趋势。

11."新型社区的虚拟性特征"

互联网的发展呈现新趋势,公司间利用互联网从事商务活动急剧增加,商品与服务由数字化传送。软件、报刊杂志、新闻广播、股市行情、车票及保险等都是无形的产品和服务,都是网上电子形式传送的商品。除了电子方式提供商品与服务外,互联网还能够用于实物的销售,日益增长的人们对休闲时间的要求及对快递服务的需求正推动人们通过网络购物。数字时代使劳动者从传统岗位转向信息技能的岗位,作为一种趋势,电子商务要求更多的岗位和技能。

(四)中国信息化与城市形象建设的挑战

1.产业结构低级化

从总体上看,中国城市信息产业的内部发展条件不够理想,制约了信息产业的发展。第一,产业结构没有进入高级化领域,企业与产业素质不高。目前,城市第三产业结构不合理,功能不全,更重要的是与世界一流城市相差甚远。还没有实现生活服务型产业向生产服务型经济的转型,在第三产业中,传统服务业、商业仍占较大比重,而真正体现后工业特色的信息密集服务业,尤其是生产性服务业的发展水平不高。其就业和产值比重也较低。第二,现代基础设施虽有一定发展,但利用不足。近年来,随着新城的建设,中国城市的现代化基础设施发展很快。

2.信息产业集约度低

中国的信息产业地域特色不鲜明,集约度低,区域分布与区域结构不合理,这将滞缓数字化城市的形成过程。第一,作为未来城市增长点的集聚作用不够强。第二,作为未来经济竞争主角的 CBD 的形态和功能级别不高。几乎所有的城市都有高新技术开发区,甚至一个城市有多个高新技术开发区,南京所谓一区三园(浦口、江宁和新生坪三个高新区,城市内形成竞争,不能集中优势发展高新技术,以南京可见全国一斑),高新技术开发区和IT产业建设和发展都是从较低起点开始的,虽然数量多,但建设和发展水平较低。许多高新技术产业也是徒有虚名,产品水平不高,影响了高新技术企业的进一步集聚,进而影响了增长点的形成。

3. 城市"软件"环境质量不高

城市高新技术人才的成长环境滞后开发,非常明显地影响并阻碍了中国城市迈向数字化城市的进程。第一,人才集聚效应不明显。即使是人才吸引力较高的上海、深圳和广州,在人才成长的环境方面,都缺少真正意义上的人才成长机制、竞争环境与人际环境,还有很多落后的农业社会的意识,人才更多的精力在于人际而不在于工作。第二,城市大众还缺乏环保意识、公德意识、应用信息的意识和技能等。第三,城市生态环境包括人际生态环境还有改进与改善的空间。包括大气污染、水污染、噪声污染和垃圾污染等在不同程度上存在等。第四,城市管理手段落后。软环境在城市发展中的作用至关重要,越到城市发展的高级阶段,软环境就越重要。与物质环境相比,软环境的建设和治理的难度要大得多。

4. 城市理念与制度创新不够

城市的变革是人的变革,而人的变革是城市人的观念的变革。城市要创造、寻找自己的比较优势,就必须进行创新,并通过大力发展信息产业,实现与其他或国际城市的分工与合作。观念创新是政策制定的基础,制度创新的深度、广度,取决于观念创新的程度。由于后工业社会的发展动力已转为以知识经济为核心,信息、知识经济应摆在城市发展的中心位置上。制度创新是保证新观念实现和政策实施的保证,如技术创新,需要资金和人才,可以考虑建立城市产业的风险基金制度,建立脑力开发和引进制度,以及技术参股制度,特别是建立国家级的头脑库,聘请国内外一流学者为城市经济社会的发展顾问等。

（五）数字化城市形象建设理念的超前应对策略

面对城市数字化与新城市形象建设的发展问题，中国的城市应该以超前运作的方式，开发新的领域，可从如下几个方面加以思考。

1. 创造"城市公共产品开发与社会共享机制"

新型的城市形象建设应该提前加速建立城市"公共式产品"体系，如公共空间、公共享受与福利体系、公共的城市互动信息网络系统等。所谓公共产品的重要特征是不与经济利益挂钩，使城市市民合理、公平地享用城市的公共式产品。

率先建立"城市全民公共产品及产品共享机制"，是加速或者超前进行数字化城市的一种战略，如果要获得一种共同认知，城市政府在信息网络共享方面应该大有作为，使之成为支撑社会经济活动的重要基础设施，加快现代化信息密集服务业的集聚，相对分散布局的一般产业活动，促进城乡融合，最终使城市发展成为区域信息化、数字化的中心城市。

2. 推广"城市文化资本"的运作

开发城市新的经济与文化资源，许多城市都在"经营城市"中获得了土地运作的经验，而缺乏"城市文化资本"运作的经验，应该说上海市虽然没有提出"城市文化资本"运作的概念，但是在实际工作中获得了"城市文化资本"运作的成就。

3. 率先建立网络化SOHO——家庭办公与经营体系

随着城市化与城市数字化、信息化的发展，城市社会组织结构的变迁将比预料的快得多，家庭的功能在发生变化。家庭作为现代城市中的一个新的生产单位的情形将会更普遍地发生，家庭办公体系（Small Office Home Office）、家庭经济体系和经营单位均出现小型化、分散化趋势。发达的通信网及运输网，可以减少城市集聚的状态，使社会生产、就业、生活、娱乐、消费形成易达性,集聚效益可以在较小规划的城市群中获得利益,从而降低了中心城市集聚的负面效应。城市信息化来源主要包括政府信息化、企业信息化、家庭(个人)信息化。目前无论在发达国家,还是在中国的一些大城市,家庭办公与经营体系正在各个产业领域展开。

4. 率先建立网络社会化新城市形态

建设网络社会化的新城市形态,主要是建立网络化城市互动体系交往关系,传统意义上的城市区位分工受到挑战,生产形式的分散,面对面的商业交易被转化。

构建中国城市化的"城市中心性与分散性区域城市化示范区是现代新城市形象和城市形态的一种选择。城市经济的发展可直接汲取西方发达国家城市化的经验和教训,直接进入后工业的社会操作模式阶段,创造性地开发城市化中心化与分散结合的地域结构关系,驾驭城市的中心性发展和城市的郊区化的发展过程。科学技术对于城市社会变迁的推动包括对城市社会如何认识和认识深度的扩展,现代技术、方法及系统有组织的科学研究,可以使人们对城市社会变迁与科学技术的关系有更深的认识和理解。

5. 率先创建数字化城市安全保障体系

数字化城市的科技性,表现了城市平等、高速、低消耗的特征,但是,在某一层面讲,严密而系统的数字化城市,在目前的阶段还比较脆弱,因此,超前建设数字化城市中的安全体系是非常重要的,这个体系既包括整体技术要素的安全,还包括城市人的素质所体现的安全,这就是城市信誉,或称"信誉城市"的建设。从西方市场经济发展的数百年中,我们可以看到,现代技术与市场的结合,没有社会信誉体系作为支撑是不可能完成的,无论是认识西方资本主义的新教伦理,还是认识西方的职业道德计划,或者是认识西方市场经济中的账簿制度,中国城市中的形象与数字化建设,必须以城市信誉为先导,这是值得全民重视的大问题。

6. 率先发展生产型服务业

城市本身即是管理中心,在市场经济体系中,城市应该成为企业管理中心林立的"管理中心地带"和集聚地,把企业的管理中心迁到中心性强的城市中,这样既可加速城市化进程,又可使企业获得更大利益。把城市从传统的高楼林立的状态改变为企业管理中心、信息中心、市场管理中心、企业总部、服务中心林立的状态,是新城市形象建设的一个新的思考。作为生产型的经营体,如信息咨询业,包括政策咨询服务、管理咨询服务、工程咨询服务、财务咨询服务、技术咨询服务等,应该是数字化城市产业的主体构成之一,也是城市经济结构与产业结构高级化的重要内容。

7. 数字化城市发展战略技术源体系构建

在这里不是从一般意义上论及城市形象的建设和城市产业的发展,而是从都市圈的意义上来讨论城市的发展,在城市形象的战略意义下,构建数字化城市可持续发展的"新创源机构"。

参考文献

[1] 贺艳. 媒介表征与城市形象的建构: 以重庆为例 [M]. 北京: 中国传媒大学出版社, 2016.

[2] 周麟祥, 周捷, 潘婉萍. 城市形象景观设计 [M]. 北京: 中国建筑工业出版社, 2016.

[3] 成朝晖. 人间·空间·时间——城市形象系统设计研究 [M]. 北京: 中国美术学院出版社, 2011.

[4] 丁金华. 城市景观规划设计 [M]. 北京: 化学工业出版社, 2014.

[5] 龚立君. 城市景观设计教程 [M]. 北京: 中国建筑工业出版社, 2007.

[6] 过伟敏, 史明. 城市景观形象的视觉设计 [M]. 南京: 东南大学出版社, 2005.

[7] 姜虹, 田大方, 张丹, 毕迎春. 城市景观设计概论 [M]. 北京: 化学工业出版社, 2017.

[8] 李兴国. 北京形象——北京市城市形象识别系统 (CIS) 及舆论导向 [M]. 北京: 中国国际广播出版社, 2008.

[9] 刘合林. 城市文化空间解读与利用构建文化城市的新路径 [M]. 南京: 东南大学出版社, 2010.

[10] 庞菊爱. 全球化背景下宁波城市品牌形象构建与传播策略研究 [M]. 上海: 上海交通大学出版社, 2016.

[11] 宋立新. 城市色彩形象识别设计 [M]. 北京: 中国建筑工业出版社, 2014.

[12] 赵思毅. 城市色彩规划 [M]. 南京: 江苏凤凰科学技术出

版社,2016.

[13] 苏永华. 城市形象传播理论与实践 [M]. 杭州:浙江大学出版社,2013.

[14] 孙鸣春. 城市景观设计 [M]. 西安:西安交通大学出版社,2007.

[15] 孙湘明. 城市品牌形象系统研究 [M]. 北京:人民出版社,2012.

[16] 王豪. 城市形象概论 [M]. 长沙:湖南美术出版社,2008.

[17] 王建国. 城市设计 [M]. 北京:中国建筑工业出版社,2009.

[18] 魏向东,宋言奇. 城市景观 [M]. 北京:中国林业出版社,2005.

[19] 文春英. 城市品牌与城市文化 [M]. 北京:中国传媒大学出版社,2014.

[20] 吴松涛,常兵. 城市色彩规划原理 [M]. 北京:中国建筑工业出版社,2012.

[21] 徐雷. 城市设计 [M]. 武汉:华中科技大学出版社,2008.

[22] 许浩. 景观设计:从构思到过程 [M]. 北京:中国电力出版社,2010.

[23] 许雄辉. 传播城市 [M]. 宁波:宁波出版社,2013.

[24] 张鸿雁. 城市形象与城市文化资本论——中外城市形象比较的社会学研究 [M]. 南京:东南大学出版社,2002.

[25] 赵慧宁,赵军. 城市景观规划设计 [M]. 北京:中国建筑工业出版社,2011.

[26] 赵景伟,岳艳,祁丽艳,张玲. 城市设计 [M]. 北京:清华大学出版社,2013.

[27][德] 迪特·福里克. 城市设计理论 [M]. 北京:中国建筑工业出版社,2015.

[28] 白志刚. 国际视野中的城市形象研究专题 [M]. 北京:知识产权出版社,2014.